ニャン

猫英単語

【著】

頴川 栄治

（英語辞典編集者）

谷口 幸夫

（達セミNext代表、元・筑波大学附属駒場中学・高等学校英語科教諭）

【監修】

アレン玉井光江

（青山学院大学教授）

小学館

はじめに

昨今は猫の大ブームで、テレビで猫の映像を見ない日はほとんどないと言っても過言ではありません。国内には猫が好きな人がいかに多いかと考えさせられます。

そのような折に"猫の写真をふんだんに使った英語の本"の刊行を検討してみたいという話が私にありました。私は、浅学非才をも顧みず、長年の辞典編集の経験を活かし、名門高校での英語指導経験が豊富な谷口幸夫先生から貴重なアドバイスを受けられれば出版も可能ではないかと考えました。そして、谷口先生の協力を取り付け、共同執筆に取り組むことにしました。

本書は大きく2部に分かれており、"親しみやすく、知識が身に付き、実践に役に立つ本"を目標に、様々な視覚的工夫も凝らしてみました。

第1部は一つの日本語キーワードを基に左右2ページの見開きで完結しています。

左ページには猫の写真と、その猫の表情と動きに対応する英単語・熟語を掲載し、基本的な意味を載せました。

右ページにはそれらの英単語・熟語の具体的な応用例を挙げています。少しでも多く英語情報を提供したいと考え、基本的に第2部と連動させながら、意

外性のありそうなコラム記事を挿入しました。

猫の写真は第1部で70枚ありますから、ページ数が140ページに及びます。猫の様々な表情を楽しみながら、楽しく英語に触れ、表現力を身に付けていただけたらうれしく思います。

第2部では、やはり猫の写真に続けて、既存の英文法書では詳細に触れられることが少ない、読者の興味を引きそうな記事を中心に挙げてみました。それらの記事は、私が長年にわたって各種英語辞典の編集に携わり、私家版・日英コロケーション辞典を編纂(へんさん)する過程で出合い、収集した膨大な参考書的データからほんの一部を引用し、作成しました。勉強、受験、指導にも役立ち、あらゆるレベルで楽しんでいただける内容になっているのではと考えております。

読者の皆様におかれましては、興味を持たれた任意のページからお読みいただけましたら幸いです。本書が少しでも皆様の語彙力増強・表現力向上のお役に立てるとしましたら、私たち執筆者にとってこれに勝る喜びはありません。

よろしければ貴重なご意見などお寄せいただけますと、私たち執筆者の励みにもなり、今後の改善につなげさせていただけるのではないかと考えております。

2023年5月吉日　　潁川栄治(えがわえいじ)

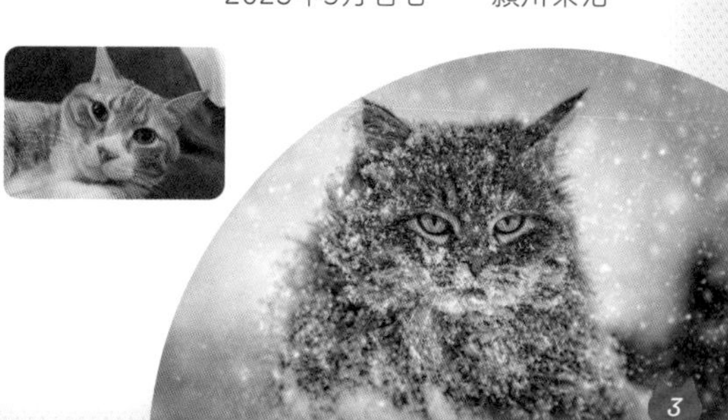

目次

第2部 応用編……151

この本の使い方

本書では、第1部で猫の写真と、それに合う英単語・熟語や応用例を掲載し、第2部でテーマごとに英語表現を紹介しています。本書を楽しく使っていただくためにぜひお読みください。

第1部 基礎編の読み方

【見出し】

猫の写真と、この見開きで紹介する英単語・熟語や応用例に共通するトピックです。

【英単語・熟語】

見出しに関連する単語・熟語です。単語を覚えていただくことを優先するため、それぞれの意味は絞って掲載しています。

【発音】

分かりやすいカタカナ発音を付けています。色の付いた部分を強く発音します。

単語で色の付いた部分は第1アクセントがある位置です。**rest** という単語の発音記号は /rést/ となります（本書では発音記号を掲載していません）。このアクセントがある位置を単語に当てはめると「**e**」の文字になりますので、この文字に色を付けています。

また、例えば**break**という単語の発音記号は /bréik/ となります。アクセントが切り離せない「**e**」と「**a**」の二つの母音字があるため「**e**」と「**a**」の文字に色を付けています。

※二つ以上の単語から成る熟語のような表現については、原則として発音やアクセントは示していません。

※見出しや単語のアクセントの位置に色を付けていますが、見開きごとに色が異なっています。この見出しとアクセントの位置を示す色自体に特に意味はありません。

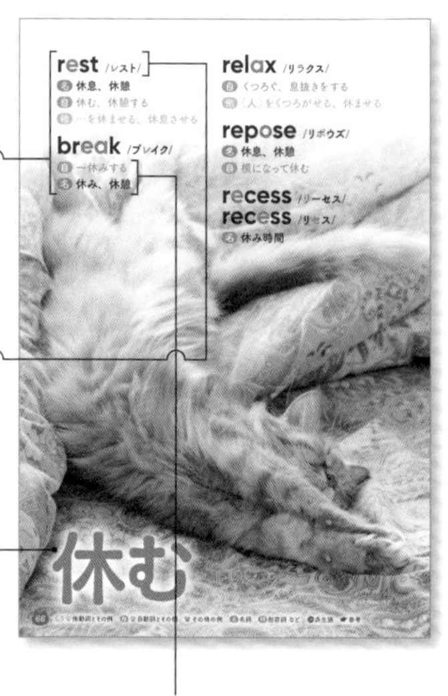

【品詞の区分】

他 他動詞（目的語を必要とする動詞）
例：visit Japan / buy a book / give him a present

自 自動詞（目的語を必要としない動詞）
例：come to Japan / live in Japan / come here

名 名詞　形 形容詞

副 副詞　前 前置詞　接 接続詞

【記号】

- 動詞を他動詞として使った応用例
- 動詞を自動詞として使った応用例
- その他の品詞を使った応用例
- 派 派生語
- ☛ 参考例や関連情報

《米》米国で使われる表現　《英》英国で使われる表現

➡ すぐ上にある英単語・熟語や表現を使った展開例を示します。

➡は他動詞が使われている展開例

➡は自動詞が使われている展開例

➡はその他の品詞が使われている展開例

【派生語】

重要な英単語（ここでは **relax**）から派生した、覚えておきたい単語（ここでは **relaxing**、**relaxation**）を載せています。

【変化形】

不規則変化動詞は、現在形、過去形、過去分詞の順で変化形を示しました。109ページでは **spring**「跳ねる」の変化形を以下のように載せています：“**spring – sprang/sprung – sprung**”。過去形が「/」で区切られているのは、変化形が二つあることを示しています。79ページなどでは形容詞や副詞の「比較変化」も載せています。

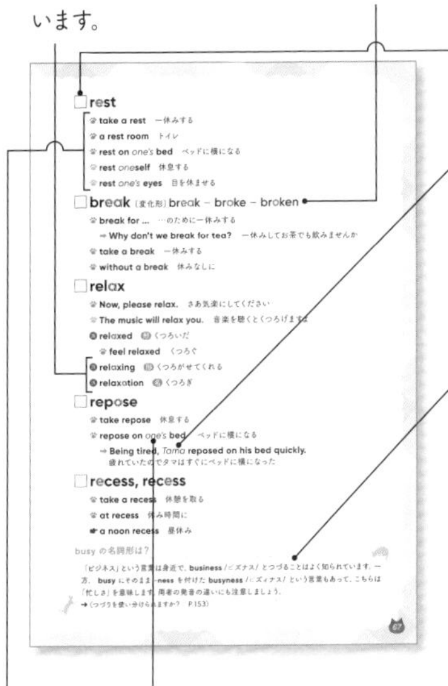

□ **rest**
- **take a rest**　一休みする
- **a rest room**　トイレ
- **rest on** *one's* **bed**　ベッドに横になる
- **rest** *one***self**　休息する
- **rest** *one's* **eyes**　目を休ませる

□ **break**（変化形）break – broke – broken
- **break for ...**　…のために一休みする
  - → **Why don't we break for tea?**　一休みしてお茶でも飲みませんか
- **take a break**　一休みする
- **without a break**　休みなしに

□ **relax**
- **Now, please relax.**　さあ気楽にしてください
- **The music will relax you.**　音楽を聴くとくつろげます
- **relaxed**　くつろいだ
  - **feel relaxed**　くつろぐ
- **relaxing**　くつろがせてくれる
- **relaxation**　くつろぎ

□ **repose**
- **take repose**　休息する
- **repose on** *one's* **bed**　ベッドに横になる
  - → **Being tired,** *Tama* **reposed on his bed quickly.**
    疲れていたのでタマはすぐにベッドに横になった

□ **recess, recess**
- **take a recess**　休憩を取る
- **at recess**　休み時間に
- **a noon recess**　昼休み

busy の名詞形は？

「ビジネス」という言葉は身近で、**business** /ビズナス/ とつづることはよく知られています。一方、**busy** にそのまま -ness を付けた **busyness** /ビズィナス/ という言葉もあって、こちらは「忙しさ」を意味します。両者の発音の違いにも注意しましょう。
→（つづりを使い分けられますか？　P.153）

【チェックボックス】

覚えたかどうか、確認するためにご利用ください。

【登場する猫の名前】

登場する猫の名前はイタリック体にしています。
例　*Mike* ミケ（雌）　*Tama* タマ（雄）
また、「豆腐」といった日本語由来の単語もイタリック体にしています（*tofu*）。

【コラム】

英単語や英語表現に関する興味深い情報を載せています。第2部応用編に関連するページがある場合は、そのページを示しています。

【英語の途中にある括弧】

49ページに **be surprised at [by] ...** という表現があります。この括弧は交換可能を表し、**at** でも **by** でも良いことを示しています。

【*one*, *one's*, *one***self**, *sb*, *sb's*, *do*】

本書の67ページに以下のような表現があります。**rest on** *one's* **bed**「ベッドに横になる」。
one は主語を表し、*one's* は主語と同じ人称代名詞の所有格を表しています。
主語が **he** なら、**He rests on his bed.** のように主語に応じて **his** と変化させることになります。
*one***self** は主語と同じ再帰代名詞になります。**rest** *one***self**「休息する」という熟語の場合は、主語が **she** なら **She rests herself.** となります。
また、本書の27ページには以下のような表現があります。
caution *sb* **about ...**「人に…に用心するよう働きかける」。
この *sb* は **somebody** の略で、主語とは異なる人称代名詞や人名を表しています。
主語が **I** であれば、*sb* は、例えば **I caution him about ...** となります。
また、*sb's* は主語とは異なる人称代名詞や人名の所有格を表しています。

do は動詞の原形で、**to** *do* は **to**不定詞を、*do***ing** は現在分詞や動名詞を表しています。
go や **play** といった動詞を **to**不定詞に当てはめると、**to go** や **to play** といった形になります。
また、現在分詞や動名詞に変化させると、**going** や **playing** といった形になります。

第2部 応用編の読み方

第2部ではテーマごとに構成を変えています。

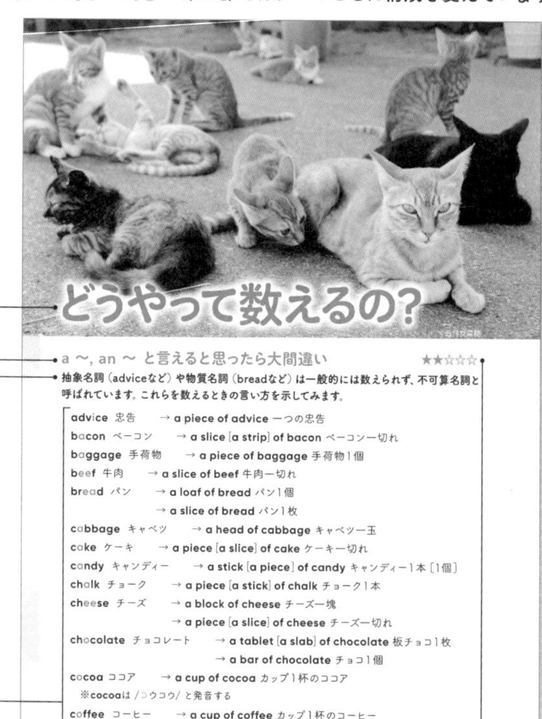

どうやって数えるの？

a ～, an ～ と言えると思ったら大間違い ★★☆☆☆

抽象名詞（adviceなど）や物質名詞（breadなど）は一般的には数えられず、不可算名詞と呼ばれています。これらを数えるときの言い方を示してみます。

advice 忠告 → a piece of advice 一つの忠告
bacon ベーコン → a slice [a strip] of bacon ベーコン一切れ
baggage 手荷物 → a piece of baggage 手荷物1個
beef 牛肉 → a slice of beef 牛肉一切れ
bread パン → a loaf of bread パン1個
→ a slice of bread パン1枚
cabbage キャベツ → a head of cabbage キャベツ一玉
cake ケーキ → a piece [a slice] of cake ケーキ一切れ
candy キャンディー → a stick [a piece] of candy キャンディー1本〔1個〕
chalk チョーク → a piece [a stick] of chalk チョーク1本
cheese チーズ → a block of cheese チーズ一塊
→ a piece [a slice] of cheese チーズ一切れ
chocolate チョコレート → a tablet [a slab] of chocolate 板チョコ1枚
→ a bar of chocolate チョコ1個
cocoa ココア → a cup of cocoa カップ1杯のココア
※cocoaは /コウコウ/ と発音する
coffee コーヒー → a cup of coffee カップ1杯のコーヒー
fruit 果物 → a piece of fruit 果物一切れ
※fruit が種類を表すときはfruitsと表記できる → various kinds of fruits

160

【見出し】
猫の写真と、紹介する英語表現を結ぶキーワードです。

【テーマ】
見出しを補完し、内容をより具体的に紹介しています。

【リード】
テーマの内容を分かりやすく示しています。

【英単語】
第1部と同様、単語の第1アクセントの位置を色で示しています。
第2部でも、単語・熟語や英語表現を覚えていただくことを優先するため、単語の意味については最小限に絞り込んでいます。また、カタカナ発音を示しているところと示していないところがあります。

【記号】
180ページの「米英の違い」などでは
第1部と同じく以下の記号を使っています。
《米》《英》

【難易度】
第2部はテーマごとに内容が大きく異なるため、本書では便宜的に難易度を付けています。あくまでも目安であり、厳密な区分ではありませんので、興味のあるところから読んでください。

★☆☆☆☆ …中学生以上向き
★★☆☆☆ …高校生以上向き
★★★☆☆ …大学生以上向き
★★★★☆ …上級者向き
★★★★★ …最上級者向き

第1部 基礎編

猫の写真と、それに合った英単語・熟語などを紹介しています。少し高度な表現もありますが、猫のビジュアルも一緒にご覧いただき、記憶の定着にご活用ください。

考える

think /スィンク/

他 …と思う

自 思う、考える

consider /カンスィダ/

他 …を考慮する、熟考する

suppose /サポウズ/

他 …を想像する、仮定する

imagine /イマヂン/

他 …と思う、…を想像する

□ think 〔変化形〕think – thought – thought

- think (that) ...　…だと思う
- don't think (that) ...　…だとは思わない
- think *A* (to be) *B*　AをBだと思う
  - ➡ I think him to be funny.　私は彼は滑稽だと思う
- think of ...　…について考える
- think of *doing*　…しようと考える
- 派 thinker　名 思想家
- 派 thinking　名 思考
- 派 thought　名 考え

□ consider

- consider *doing*　…しようかと考える
- consider that ...　…だと思う
- consider *A* (to be) *B*　AをBと見なす
- 派 consideration　名 考慮
- 派 considering ...　前 …を考慮すれば

□ suppose

- suppose that ...　…だと思う、…であると仮定する
- be supposed to *do*　…することになっている
- 派 supposing ...　接 もし…ならば

□ imagine

- imagine (that) ...　…であると想像する〔思う〕
- 派 imaginary　形 想像上の、架空の
- 派 imaginative　形 想像力に富んだ
- 派 imagination　名 想像(力)

shower の意味と発音は？

shower /シャウア/ は「シャワー」としてよく知られていますが、別の意味と発音もあるのです。**show** /ショウ/ は「見せる」の意味なので、**shower** とすると「見せる人」となり、発音は /ショウア/ となります。➡（つづりは同じでも発音や品詞・意味が異なる　P.152）

熟考する

©FurryFritz

contemplate /カンタムプレイト/

他 …を熟考する
自 じっくり考える、瞑想(めいそう)する

deliberate /ディリバラト/

他 …を熟慮する
自 熟慮する

ponder /パンダ/

他 …を熟考する
自 じっくり考える

meditate /メダテイト/

他 …を企てる、もくろむ
自 瞑想する、熟考する

reflect /リフレクト/

自 熟考する

□ contemplate

- **contemplate what** *one* **has done**　自分がやったことを熟考する
- *Tama* **is always contemplating in secret.**
  タマは毎日こっそり瞑想している

派 **contemplation**　名 瞑想、熟考

□ deliberate

- **deliberate a difficult matter**　困難な問題をじっくり考える
- **deliberate on [over] ...**　…を熟慮する
  - ➡ **deliberate on a matter**　問題を熟考する

派 **deliberation**　名 熟慮

□ ponder

- **ponder** *one's* **future**　自分の将来をじっくり考える
- **ponder over [on] ...**　…についてじっくり考える

□ meditate

- **meditate revenge**　復讐（ふくしゅう）をもくろむ
- **meditate on [upon] ...**　…を瞑想する、熟考する
  - ➡ **meditate on** *one's* **experience**　自分の経験を思い返す

派 **meditation**　名 瞑想、熟考

□ reflect

- **reflect on ...**　…を熟考する
  - ➡ **I have to reflect on the matter.**
    私はそのことをじっくり考えてみないといけない

派 **reflection**　名 熟考、反省

☛ **reflect**　他 …を映す、反射する

「バスを乗り換える」を英語で言うと？

まず思い付くのは **change a bus** ですが、これだと「1台のバスを改造する(**change**)」という意味になってしまいます。「バスを乗り換える」とは1台目のバスから2台目のバスに乗り移るわけですから、バスは2台が必要で、**change buses** が正解となります。
同様に、ホテルで「部屋を替える」は**change rooms** です。**change a room** と言った場合は「一つの部屋の模様替えをする(**change**)」ということになってしまいます。

思慮

thought /ソート/

名 考え、思考、考慮、思慮、配慮

consideration

/カンスィダレイシャン/

名 考慮、思慮、配慮、思いやり

discreet /ディスクリート/

形 思慮のある、慎重な、控え目の

sense /センス/

名 良識、常識、思慮分別

©chie_hidaka

□ thought

- a bright thought　名案
- on second thought　考え直してみて、やはり
- without thought　考えもしないで
- That's a thought!　それは一つの考えだ；それは良い考えだ
- 派 **thoughtful**　形 思慮深い、考え込んだ、思いやりのある
  - be thoughtful of [about] *sb*　人に対して思いやりがある
- 派 **thoughtfully**　副 思慮深く、考え込んで
- 派 **thoughtfulness**　名 思いやり
- 派 **thoughtless**　形 軽率な、思いやりのない
- 派 **thoughtlessly**　副 軽率に
- 派 **thoughtlessness**　名 軽率さ

□ consideration

- take ... into consideration　…を考慮する
  - → **My owner never takes into consideration that almost all cats don't like very hot things.**
    ほとんどの猫が猫舌であることを飼い主はまったく考えてくれない
- out of consideration for *sb*　人に対する思いやり（配慮）から
  - → **I prepared (for) a litter box out of consideration for my cat.**
    私は飼い猫のためにトイレを準備した
- 派 **considerate**　形 思いやりのある；慎重な、思慮深い
- 派 **inconsiderate**　形 思いやりのない、配慮のない

□ discreet

- be discreet with [about] ...　…に慎重である
  - → **Please be discreet with the information.**
    その情報の扱いは慎重に願います
- 派 **discreetly**　副 思慮深く、慎重に
- 派 **discreetness**　名 思慮深さ、慎重さ
- 派 **discretion**　名 思慮分別、慎重さ
- 派 **indiscreet**　形 思慮のない、軽率な

□ sense

- It's common sense.　それは常識だ
- talk sense　理にかなったことを言う
- 派 **senseless**　形 無分別の、愚かな
- 派 **senselessly**　副 無分別に
- 派 **sensible**　形 分別のある、賢明な

©vvvita

友達

friend /フレンド/
名 友達、友人

companion
/カムパニャン/
名 仲間、連れ

comrade /カムラド/
名 仲間、親友

acquaintance
/アクウェインタンス/
名 知人、顔見知り

mate /メイト/
名 ((主に英)) 仲間、相棒、同僚

□ friend

- a close friend　親友
- a lifelong friend　終生の友
- an old friend　旧友
- a special friend　大の仲良し
- a true friend　真の友達
- a friend of mine　私の友達（の一人）
- make friends with *sb*　人と親しくなる
- A friend in need is a friend indeed.　まさかの時の友こそ真の友
- The dog is man's best friend.　犬は人間の最良の友である
- Everybody's friend is nobody's friend.　八方美人に友人なし

派 **friendly**　形 親しい、仲の良い

- be on friendly terms with *sb*　人と親しい
  - ➡ Cats have been on friendly terms with humans from old times.
    猫は昔から人間の友達である

派 **friendliness**　名 友情、友好

派 **friendship**　名 友情、友人関係、友達付き合い

- form a close friendship with *sb*　人と親密な友情を築く

□ companion

- a drinking companion　飲み仲間
- *one's* lifelong companion　生涯の伴侶（はんりょ）
- a travel(ing) companion　旅の道連れ

□ comrade

- a comrade in battle　戦友

□ acquaintance

- an old acquaintance　昔なじみ
- a speaking acquaintance　話をする程度の間柄

□ mate

- lose *one's* mate　仲間にはぐれる、連れ合いを亡くす

☛ **classmate**　名 同級生、旧友

落ち着いた

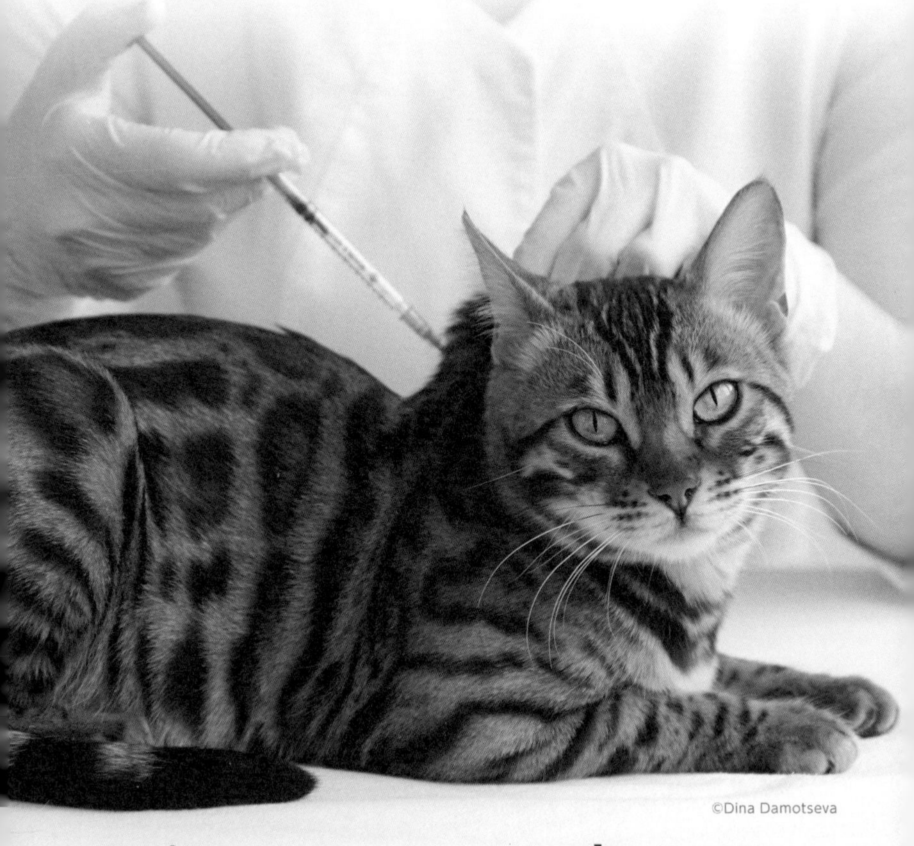
©Dina Damotseva

quiet /クワイアト/
形 落ち着いた、物静かな、おとなしい

calm /カーム/
形 冷静な、落ち着いた、穏やかな

tranquil /トランクウィル/
形 落ち着いた、穏やかな

meek /ミーク/
形 おとなしい、従順な

□ quiet

- **a quiet child**　おとなしい子ども
- **have a quiet disposition**　温和な性格である
  ※ **disposition** /ディスパズィシャン/ 気質
- **be (as) quiet as a lamb**　大変おとなしい　※ **lamb** /ラム/ 子羊
  - ➡ **My pet cat is (as) quiet as a lamb among many cats.**
    私の飼い猫は猫がたくさんいるところでは実におとなしい
- **be (as) quiet as a mouse**　とても控え目である

派 **quietly**　副 落ち着いて

□ tranquil

- **tranquil eyes**　穏やかな目
- **a tranquil expression**　穏やかな表情
- **a tranquil life**　平穏な生活
- **a tranquil smile**　穏やかなほほえみ
  - ➡ *Tama* **received his drunken owner with a tranquil smile.**
    タマは酔っ払って帰った飼い主を穏やかにほほえんで迎えた

派 **tranquilly**　副 落ち着いて、穏やかに

□ calm

- **a calm expression**　穏やかな表情
- **a calm manner**　落ち着いた態度

□ meek

- **a meek person**　柔和な人
- **a meek wife**　おとなしい妻
- **be (as) meek as a lamb**　大変おとなしい　※ **lamb** /ラム/ 子羊
  - ➡ **The cat is (as) meek as a lamb.**
    その猫は借りてきた猫のようにおとなしい

派 **meekly**　副 おとなしく、従順に

「自分の父親に似ている」を英語で言うと？

「似ている」は **resemble** です。そして「…に似ている」と言いたいときには、日本人の癖として「…に」につられて **to** を使って **resemble to ...** としがちです。ところが、**resemble** は前置詞を伴わない他動詞なので **to** は使えません。よって **resemble my father** と言うことになります。 ➡（よく間違える他動詞と自動詞　P.159）

けちな

©三輪

stingy /スティンヂ/

形 けちな、しみったれた

cheap /チープ/

形 けちな、しみったれた

miserly /マイザリ/

形 けちな、しみったれた、欲深い

mean /ミーン/

形 《主に英》けちな、しみったれた

shabby /シャビ/

形 みすぼらしい、
卑しい、けちな

greed /グリード/

名 欲張り、貪欲

hungry /ハングリ/

形 貪欲な

□ stingy

- a stingy person　けちんぼう
- be stingy with ...　…を出し惜しみする
  - ➡ **My owner is always stingy with feed.**
    飼い主はいつも餌を出し惜しみする
- 派 stingines　名 けち、しみったれ

□ cheap

- Don't be so cheap!　そんなにけちるなよ
- ☛ cheap　形 安い、安っぽい

□ miserly

- a miserly man　守銭奴（しゅせんど）

□ mean

- a mean spirit　けちな根性
- be mean with *one's* money　お金にけちである
- ☛ mean　他 …を意味する　名 平均

□ shabby

- a shabby overcoat　みすぼらしいコート

□ greed

- greed for money　金銭欲
- 派 greedy　形 欲張りな、貪欲な
  - be greedy for ...　…に対して欲張りである
    - ➡ **The politician is greedy for power.**
      その政治家は権力に対して貪欲である
- 派 greedily　副 欲張って、貪欲に、意地汚く
  - eat greedily　むさぼり食う

□ hungry

- be hungry for ...　…に対して貪欲な
  - ➡ **Every politician is hungry for fame.**
    どの政治家も名声に対して飢えている
- 派 hunger　名 飢え、空腹、切望

©jordache

十分な①

enough /イナフ/
形 十分な
副 十分に
名 十分な数〔量〕

sufficient /サフィシャント/
形 十分な

plenty /プレンティ/
名 十分、たくさん

□ enough

- **enough food** 十分な食べ物
- **enough money** 十分なお金
- **enough sleep** 十分な睡眠
- **it is enough for *sb* to *do*** 人が…するだけで十分である
- **be old enough to *do*** …するのに十分に年を取っている
  - ➡ **He is old enough to drive.** 彼は車を運転できる年齢になっている
- **That's enough.** 十分足りている；もうたくさんだ
- **I've had enough.** わたしはもう十分いただきました；ごちそうさま
- **I've had enough of ...** …はもううんざりだ
- **Enough is enough.** もうたくさんだ

□ sufficient

- **sufficient condition** 十分条件
- **sufficient food** 十分な食べ物
- **be sufficient for ...** …には十分である
- **be sufficient to *do*** …するに足りる
  - ➡ **This diet is sufficient for cats to live a healthy life.**
    このダイエット食は猫が健康に暮らすのに事足りる
- 派 **sufficiently** 副 十分に、足りて
- 派 **sufficiency** 名 十分な数［量］、多数、多量
- 派 **suffice** 他 …に十分である
  - **Suffice it to say that ...** …と言っておけばそれで十分だろう

□ plenty

- **plenty of ...** 十分な…、たくさんの…
  - ➡ **have plenty of money** お金がたくさんある
  - ➡ **have plenty of sleep** 十分に睡眠を取る
  - ➡ **have plenty of time** 時間が十分にある
- **have plenty to *do*** …すべきことがたくさんある
- 派 **plentiful** 形 十分な、豊富な
  - **be plentiful in humor** ユーモアたっぷりである

十分な②

abundant /アバンダント/

形 十分な、豊富な

full /フル/

形 十分な、豊かな、完全な

ample

/アムプル/

形 十分な、豊富な、広い

adequate /アダクワト/

形 十分な、適切な、妥当な

satisfactory

/サティスファクタリ/

形 満足な、十分な、申し分ない、納得のいく

©IPPEI

□ abundant

- an abundant harvest　豊作
- be abundant in ...　…が豊富である
  - ➡ This lake is abundant in fish.　この湖には魚がいっぱいいる
- 派 abundantly　副 豊富に、たっぷり

□ full

- a full life　充実した人生
- full marks　満点
- a full report　詳細な報告
- at full speed　全速力で
- in full bloom　満開で
- I am full.　私は満腹だ
- 派 fully　副 十分に、十二分に

□ ample

- an ample time　十分な時間
  - ➡ We have an ample time to discuss whether we should keep cats or not.　猫を飼うべきか否かを話し合う時間が私たちには十分ある

□ adequate

- adequate money for ...　…のために十分なお金
- 派 adequately　副 十分に、適切に、妥当に

□ satisfactory

- a satisfactory result　納得のいく結果
- be satisfactory for ...　…には申し分ない
  - ➡ This weather is satisfactory for walking.
    この天気は散歩にうってつけだ
- 派 satisfaction　名 満足、満足感
- 派 satisfy　他（人）を満足させる
  - be satisfied with ...　…に満足している
    - ➡ *Mike* is satisfied with the family of her owner.
      ミケは自分の飼い主の家族に満足している

©ramustagram

注意

attention

/アテンシャン/

名 注意；世話、配慮

caution /コーシャン/

名 注意、用心、警戒

他 …に注意する

care /ケア/

名 注意、用心

□ attention

- **attract *sb's* attention**　人の気を引く
- **draw *sb's* attention**　人の気を引く
- **give attention to ...**　…に注意する
- **pay attention**　注意する
  - ➡ **Pay attention, everybody!**　皆さん、よく聞いてください
- **pay attention to ...**　…に注意する
- **Attention, please!**　皆様にお知らせいたします
- 派 **attentive**　形 注意深い、思いやりのある

□ caution

- **use caution**　注意する
- **caution *sb* about ...**　人に…に用心するよう働きかける
  - ➡ **I cautioned my children about stray cats.**
    野良猫には注意するように私は子どもに促した
- 派 **cautious**　形 注意深い、用心深い

□ care

- **take care**　気を付ける、用心する
  - ➡ **take care of *one*self**　自分の体を大切にする
- **with care**　注意深く、用心して
- 派 **careful**　形 注意深い、用心深い
  - **Be careful!**　気を付けて
- 派 **carefully**　副 注意深く、用心深く
- 派 **careless**　形 不注意な、軽率な
- 派 **carelessly**　副 不注意にも、軽率にも、うっかり
- 派 **carefree**　形 心配のない、のんきな

woman doctor の複数形は？

これは難しい問題です。意味を考えてみると、女性である「女医」と男女を問わない「婦人科医」が考えられます。「女医」の場合は **woman** でもあり **doctor** でもあるので、どちらも対等に複数形にして **women doctors** となります。一方、「婦人科医」の場合は **woman** は診察の対象にすぎず、**doctor** だけを複数形にして **woman doctors** とするのが正解です。

自信

confidence

/カンファダンス/

名 自信、確信、信頼

certain

/サートン/

形 確信して

©ramustagram

□ confidence

- **firm confidence**　強い自信
- **full confidence**　十分な自信
- **be full of confidence**　自信満々である
- **betray** *sb's* **confidence**　人の信頼を裏切る
- **build confidence**　信用を築く
- **gain confidence**　自信を付ける
- **get confidence**　自信を持つ
- **give** *one's* **confidence to ...**　…に信頼を置く
  - → *Mike* **gives her complete confidence to her owner.**
    ミケは飼い主に全幅の信頼を置いている
- **lose confidence**　自信を失う
- **restore** *sb's* **confidence**　人の信頼を回復する
- **win** *sb's* **confidence**　人の信頼を得る
- **with confidence**　自信を持って

派 **confident**　形 自信のある、確信した

- **be very confident**　自信満々である
- **be confident in** *one***self**　自分に自信がある
- **be confident of ...**　…を確信している
- **be confident that ...**　…であると確信している

派 **confidently**　副 自信を持って、確信して

□ certain

- **be certain of [about] ...**　…を確信している
- **be certain that ...**　…ということを確信している
  - → *Mike* **is certain that she is attractive.**
    ミケは自分が魅力的であると自信を持っている
- **be certain to** *do*　必ず…する
  - → *Tama* **is certain to get pet food.**　タマは必ずや餌を手に入れる

派 **certainly**　副 確かに、必ず

派 **certainty**　名 確実(性)、必然(性)

信用

trust /トラスト/

名 信頼、信用

自 信頼する、信用する

他 …を信頼する、信用する

faith /フェイス/

名 信頼、信用；信念；信仰

rely /リライ/

自 頼る、信頼する

believe /ビリーヴ/

他 …を信じる、（人）を信用する

自 信じる

©gurinaleksandr

他 🐾他動詞とその例　自 🐾自動詞とその例　🐾その他の例　名 名詞　形 形容詞 など　派 派生語　☛参考

☐ trust

- **have** *one's* **trust in ...**　…を信用する
- **trust in ...**　…を信頼する
- **I don't trust what he says.**　私は彼の言うことを信用しない
- 派 **trustful**　形 信頼できる、信用できる

☐ faith

- **have faith in ...**　…を信頼する
- **lose faith in ...**　…への信頼をなくす
- 派 **faithful**　形 忠実な、誠実な
  - **be faithful to** *sb*　人に忠実である
- 派 **faithfully**　副 忠実に、誠実に
- 派 **faithfulness**　名 忠実、誠実

☐ rely

- **rely on ...**　…を信頼する
  - → **You can be relied on.**　あなたは信頼できる
- 派 **reliable**　形 頼りになる、信頼できる
- 派 **reliably**　副 信頼できる筋から
- 派 **reliability**　名 信頼性、信頼度
- 派 **reliant**　形 頼っている、当てにしている
- 派 **reliance**　名 信頼、信用

☐ believe

- **believe (that) ...**　…であると信じる
- **I can't believe it.**　私はそれは信じられない
- **believe in ...**　…の存在を信じる
  - → **I believe in UFOs.**　私はUFOは存在すると思っている
- **I believe so.**　私はそう思います
- **Seeing is believing.**　百聞は一見にしかず
- 派 **belief**　名 信念、確信　〔複数形〕**beliefs**
  - **beyond belief**　信じられないほどに
  - **It is my belief that all cats are equal.**　猫はみな平等だと私は信じている
- 派 **believable**　形 信じられる、信用できる
- 派 **unbelievable**　形 信じがたい、驚くべき

我慢する①

©lekcej

endure
/インヂュア/
他 …を我慢する、…に耐える
自 我慢する、耐える

tolerate /タラレイト/
他 …を我慢する、…に耐える

stand /スタンド/
他 …を我慢する、…に耐える

□ endure

- **endure pain**　苦痛に耐える
- **endure to** *do*　…するのを我慢する、…するのに耐える
  - ➡ **I can't endure to see the sight.**　私はその光景は見るに忍びない
- **endure** *do***ing**　…するのを我慢する、…するのに耐える
  - ➡ **I can't endure seeing him bullied.**
    私は彼がいじめられるのを見ていられない
- **endure through sad troubles**　辛苦に耐え抜く
- 派 **endurance**　名 我慢、忍耐
- 派 **enduring**　形 我慢強い

□ tolerate

- **tolerate ambiguity**　曖昧(あいまい)さを容認する
  ※**ambiguity** /アンビギューアティ/ 曖昧さ
- **tolerate** *sb's* **criticism**　人の非難に耐える
- **tolerate** *sb's* **impudence**　人の無礼を大目に見る
- **I won't tolerate anyone bullying.**　私は誰であろうといじめは許さない
- *Mike* **can't tolerate my telling a lie.**　ミケは私が嘘(うそ)をつくのに耐えられない
- 派 **tolerable**　形 我慢できる、耐えられる
- 派 **tolerance**　名 寛容、容認
- 派 **tolerant**　形 寛容な、寛大な、容認する

□ stand 〔変化形〕stand – stood – stood

- **can't stand ...**　…に耐えられない
  - ➡ **I can't stand the noise.**　私は騒音に耐えられない
- **stand**　自 立つ、立っている　他 …を立てる

SF「サイエンスフィクション」に不定冠詞を付けると？

よく母音字（a, e, i, o, u）で始まる名詞には **an** を、それ以外には **a** を付けると教わります。だとすれば **a SF** となりそうですが、そうではありません。正確に言えば、母音の音（/ア//エ//イ//オ//ウ/）で始まる名詞には **an** を、それ以外には **a** を付けるのが正しいのです。
SF は **s** という子音字で始まってはいますが、/エス/ と発音されるために **an** を付ける、つまり **an SF** となります。同様に、「遭難信号」を表す **SOS** も **an SOS** です。一方、例えば **uniform**「制服」では、**u** は /ウ/ という母音ではなく /ユ/ と発音されるので、**a uniform** となります。

©Byrdyak

我慢する②

bear /ベア/

他 …を我慢する、…に耐える

abide /アバイド/

他 …を我慢する、…に耐える

suffer /サファー/

他（否定文・疑問文で）…を我慢する

persevere /パーサヴィア/

自 耐え抜く

patient /ペイシャント/

形 我慢強い、忍耐強い、辛抱強い

put up with ...

…を我慢する、…に耐える

□ bear 〔変化形〕bear － bore － borne/born

- **can't bear ...**　…に耐えられない
  - ➡ **I couldn't bear the scene of the accident.**
    私はその事故の場面に耐えられなかった

派 **bearable**　形 我慢できる、耐えられる

☛ **bear**　他 …を支える；…を生む

□ abide

- **can't abide ...**　…が我慢できない
  - ➡ **I can't abide dishonesty.**　私は不正直が許せない

☛ **abide by ...**　（決定・規則）に従う

□ suffer

- **can't suffer ...**　…が我慢できない
  - ➡ **He can't suffer boredom.**　彼は退屈が我慢ならない

□ persevere

- **persevere in ...**　…を頑張り通す
  - ➡ **I must persevere in my efforts.**　私はたゆまず努力を続けなければならない

派 **perseverance**　名 忍耐、根気強さ

- **with perseverance**　我慢強く、辛抱強く

派 **persevering**　形 我慢強い、根気強い

□ patient

- **be patient with ...**　…に忍耐強い

派 **patiently**　副 我慢強く、辛抱強く

派 **patience**　名 我慢、辛抱

- **with patience**　我慢強く、辛抱強く

☛ **patient**　名 患者

□ put up with ... 〔変化形〕put － put － put

- *Nora* **can't put up with** *Mike*.　ノラはミケが我慢ならない

見る

look /ルク/
自 見る、見える

see /スィー/
他 …を見る、…が見える
自 見る、見える

glance /グランス/
自 ちらっと見る
名 ちらっと見ること

glimpse /グリムプス/
他 …をちらっと見る
自 ちらっと見る
名 ちらっと見ること

©らい

□ look

- **look at ...** …を見つめる
  - ➡ **Look at the blackboard.** 黒板を見てください
- **it looks like ...** …であるように見える
- **it looks that ...** …であるようだ
- **look around** 見回す
- **look back** 振り返る
- **look on** 傍観する
- **look out** 外を見る
- **look up** 見上げる
- **Look before you leap.** 転ばぬ先の杖（つえ）
- ☛ **looks** 名 外見、容貌（ようぼう）

□ see〔変化形〕see − saw − seen

- **see a movie** 映画を見る
- **see many stars in the sky** 空に星がたくさん見える
- **see** *sb do***ing** 人が…しているのを見る
- **Can I see your passport, please?** パスポートを拝見できますか
- **Seeing is believing.** 百聞は一見にしかず

□ glance

- **glance at ...** …をちらっと見る
- **take a glance at ...** …をちらっと見る
- **at a glance** 一目で
- **at first glance** 一見して

□ glimpse

- **glimpse** *sb do***ing** 人が…しているのをちらっと見る
- **glimpse at ...** …をちらっと見る
- **catch a glimpse of ...** …をちらっと見る
  - ➡ *Mike* **caught a glimpse of the cat food.**
    ミケはそのキャットフードをちらっと見た

©IPPEI

見つめる

watch /ワチ/
他 …をじっと見る、見つめる
自 じっと見る、見つめる

gaze /ゲイズ/
自 じっと見る

glare /グレア/
自 にらみつける

stare /ステア/
他 …をじっと見つめる、じろじろ見る
自 じっと見つめる、じろじろ見る

peer /ピア/
自 じっと見る

peep /ピープ/
自 のぞき見する
名 のぞき見

□ watch

- **watch television [TV]**　テレビを見る
- **watch a film on TV**　テレビで映画を見る
  - ➡ *Tama* **often watches animated films on TV.**
    タマはよくテレビでアニメ映画を見る
- **watch a soccer game**　サッカーの試合を見る
- **watch carefully**　注意深く見る

派 **watcher**　名 番人

□ gaze

- **gaze at the moon**　月を見る

□ glare

- **glare at ...**　…をにらみつける

□ stare

- **stare *sb* in the face**　人の顔をじろじろ見る
- **stare at ...**　…をじっと見つめる

□ peer

- **peer at ...**　…に目を凝らす

□ peep

- **peep at ...**　…をのぞき見する
- **peep through ...**　（穴など）からのぞき見する
  - ➡ **Cats often peep through the curtains.**
    猫はよくカーテンの隙間（すきま）からのぞき見をする
- **take a peep at ...**　…をのぞき見する

☛ **peeping Tom**　のぞき魔

「魚の群れ」を英語で言うと？

英語では「群れ」を表すのに様々な表現を使います。例えば「魚の群れ」は **a school of fish** と言うのです。なんだか唱歌の「めだかの学校」は **school** の誤訳なのではと勘繰りたくなります。また、「ライオンの群れ」は **a pride of lions** と表現します。「百獣の王」としてのライオンの“プライド”が伝わってくるようです。 ➜（意外とおもしろい動植物の「群れ」 P.175）

©hirohiroo

魅了する①

fascinate /ファサネイト/
他 …を魅了する、うっとりさせる

enchant /インチャント/
他 …を魅了する、…の心を奪う

charm /チャーム/
他 …を魅了する、うっとりさせる
名 魅力

□ fascinate

- Mt. Fuji fascinates many visitors.　富士山は多くの訪問客を魅了する
- be fascinated by [with] ...　…に魅了されている
  - ➡ Everyone is fascinated by the beauty of Mona Lisa.
    誰もがモナリザの美しさに心を奪われている

派 fascinating　形 魅惑的な、うっとりさせるような
- a fascinating book　読者をとりこにする本

派 fascinatingly　副 魅惑的に、うっとりさせるほど

派 fascination　名 魅惑、魅力
- in [with] fascination　うっとりして

□ charm

- be charmed with [by] ...　…に魅了されている
  - ➡ I am charmed by the friendliness of *Mike*.
    私はミケの人なつっこさに引かれている

派 charming　形 魅力的な、すてきな
- a charming gentleman　魅力的な紳士

☛ charm　名 お守り、魔除(よ)け、まじない

□ enchant

- be enchanted with [by] ...　…に魅了されている
  - ➡ *Tama* is enchanted with the music.　タマはその音楽にうっとりしている

派 enchanting　形 魅惑的な、うっとりさせる
- an enchanting country　魅惑的な国

派 enchantment　名 魅力、うっとりさせるもの

there is [are] ... の there の意味と発音は？

単独の **there** には「そこに」の意味があることはよく知られていますが、「…がある」の **there** には実は「そこに」の意味はありません。**there** は単に形式的に文頭に置かれているにすぎず、そのため、例えば **there is** は、特に強調する場合を除いて、よく /ザイズ/ のように軽く聞こえます。また、**there** は文法的な主語のように働き、疑問文は **Is there ... ?** となります。
どうしても「そこに…がある」と言いたいときには、**There is [are] ... there.** と最後に **there**「そこに」を置く必要があり、「ここに…がある」は **Here is [are] ...** となります。

魅了する②

captivate
/キャプタヴェイト/
他 …を魅了する、…の心を奪う

bewitch /ビウィチ/
他 …を魅了する、うっとりさせる

allure /アリュア/
他 …を魅了する、…へ誘い込む
名 魅惑、魅力

glamourous
/グラマラス/
形 魅力に満ちた、魅惑的な

©らい

□ captivate

- captivate the audience　聴衆を魅了する
- be captivated by ...　…のとりこになっている
  - → *Tama* **is captivated by the beauty of** *Mike*.
    タマはミケの美しさに心を奪われている
- 派 captivating　形 魅惑的な、うっとりさせる
- 派 captivation　名 魅了、魅惑、魅力
- ☛ captive　名 人質、囚人

□ bewitch

- hold the power to bewitch ...　…を魅了する力を保つ
  - → **The former famous musicians hold the power to bewitch many admirers.**　昔の名演奏家たちは今でも多くのファンを魅了する
- 派 bewitched　形 魅了された
  - be bewitched by a fox　狐(きつね)につままれる
- 派 bewitching　形 魅惑的な、うっとりさせる
- 派 bewitchment　名 魅惑、魔力

□ allure

- The little island allures many visitors.
  その小さな島は多くの観光客を引き寄せる
- lose *one's* allure　魅力を失う
- 派 allurement　名 魅惑、魅力
- 派 alluring　形 魅力的な
  - an alluring look　誘惑するような表情

□ glamourous

- a glamourous eye　魅惑的な目
- a glamourous job　魅力的な仕事

childlike と childish

同じ **child** から派生していても、両者のニュアンスはまるで異なります。**-like** には「…のような」という好ましい意味が付け加わりますが、**-ish** には「…じみた」という好ましくない意味が付け加わります。よって、**childlike** は「子どもらしい」、**childish** は「子どもっぽい」などと訳されます。 ➜（次の形容詞を訳し分けられますか？　P.156）

©らい

疲れた①

tired /タイアド/

形 疲れた

wear /ウェア/

他 (人)を疲れさせる

□ tired

- **be tired**　疲れている
  - ➡ *Nyanta* **is very tired from walking.**　ニャンタはほとほと歩き疲れている
- **feel tired**　疲れを感じる
- **get tired**　疲れる
- 派 **tire**　他（人）を疲れさせる、うんざりさせる　自 疲れる
  - ☛ **tire**　名 タイヤ　※《英》**tyre**
- 派 **tiring**　形 疲れさせる、骨の折れる
  - **tiring work**　疲れる仕事
- 派 **tireless**　形 疲れない、疲れを知らない
  - **a tireless effort**　不断の努力
- 派 **tiredness**　名 疲れ、疲労
- 派 **tiresome**　形 退屈な、厄介な
  - **a tiresome lecture**　退屈な講義
- ☛ **get tired of ...**　…にうんざりしている
  - ➡ *Nora* **gets tired of the excessive love of her owner.**
    ノラは飼い主の溺愛（できあい）にうんざりしている

□ wear〔変化形〕wear － wore － worn

- **be worn-out**　疲れ果てている
  - ➡ **All the pupils are worn-out after hiking.**
    生徒たちはみんなハイキングの後でぐったりしている

「ロマンチスト」や「ハイタッチ」は通じる英語？

「ロマンチスト」を英語で表現する場合、ついつい **romantist** と書きたくなりますが、この語は英語の辞典には見当たりません。しいて挙げれば、**romanticist** が対応すると思われますが、実はあまり使われていません。**romantic** を名詞として使うか **dreamy person** が妥当でしょう。

日本人がよく使う和製英語の典型に「ハイタッチ」がありますが、これは英米人には通用しない表現です。では、何と言えば通じるのでしょうか？　自分の指の数を考えて、片手なら **high five**、両手なら **high ten** と言えばいいでしょう。「ハイタッチしよう」は **Give me (high) five [ten].** となります。

➜（英米人には通用しない身近な和製英語　P.162）

©Irrmago

疲れた②

fatigue
/ファティーグ/
名 疲れ、疲労
他 （人）を疲れさせる

weary /ウィアリ/
形 疲れ切った、うんざりした
他 （人）を疲れさせる、うんざりさせる
自 うんざりする

exhaust /イグゾースト/
他 （人）をくたくたに疲れさせる

□ fatigue

- **sleep off fatigue** 眠って疲れを取る
  - ➡ **Kittens often sleep off fatigue.** 子猫はしばしば寝て疲れを取る
- **be fatigued** 疲れている
- 派 **fatiguing** 形 疲れさせる

□ weary

- **a weary face** うんざりした顔
- **a weary look** 疲れた表情
- **be weary of ...** …にうんざりしている
  - ➡ **Every student is weary of the long lecture.**
    どの学生もその長い講義にうんざりしている
- **be wearied** 疲れている、うんざりしている
- **weary of ...** …にうんざりする
  - ➡ **I weary of talking with him.** 私は彼と話すのはうんざりだ
- 派 **wearying** 形 疲れさせる
  - **a wearying job** 疲れる仕事
- 派 **wearisome** 形 疲れさせる
  - **a wearisome trip** 疲れる旅

□ exhaust

- **exhaust** *one***self** 疲れ果てる
- 派 **exhausted** 形 疲れ果てた
  - **be exhausted** 疲れ切っている
- 派 **exhausting** 形 くたくたに疲れさせる
  - **exhausting labor** 重労働
- 派 **exhaustion** 名 極度の疲労
- **exhaust** 他 …を使い果たす
  - **exhaust** *one's* **funds** 資金を使い果たす

a copy of book の意味は？

「本のコピー1枚」ではないのかと思われるかもしれませんが、ここでの **copy** は本を数える単位の「冊」を表すため、「1冊の本」という意味になります。もちろん **a book** でも構いません。ちなみに **book** という単語は文字を刻み込むための橅(ぶな)の木（**beech**）の皮から来ています。

びっくりさせる①

©KAZ850

surprise /サプライズ/

他 (人)をびっくりさせる、驚かせる
名 驚き

amaze /アメイズ/

他 (人)をびっくりさせる、驚嘆させる

□ surprise

- be surprised at [by] ...　…に驚いている
  - → **Everyone is surprised at the news.**　誰もがそのニュースに驚いている
- be surprised that ...　…ということに驚いている
- be surprised to *do*　…して驚いている
- in surprise　驚いて
- without surprise　驚かないで
- to *one's* surprise, ...　驚いたことに…
- 派 **surprised**　形 驚いた、びっくりした
- 派 **surprising**　形 驚くべき
- 派 **surprisingly**　副 驚いたことに、意外にも

□ amaze

- be amazed at [by] ...　…に驚いている
  - → **I am amazed at his behavior.**　私は彼の行動に驚いている
- be amazed that ...　…ということに驚いている
  - → ***Mike* is amazed that *Tama* is praised by fellow cats.**
    タマが仲間の猫たちに称賛されていることにミケはびっくりしている
- 派 **amazed**　形 驚いた、びっくりした
  - in an amazed manner　びっくりして
- 派 **amazing**　形 驚くべき
  - an amazing comeback　驚くべき復帰
- 派 **amazingly**　副 驚くほど
- 派 **amazement**　名 驚き、驚嘆
  - in [with] amazement　驚いて
  - To my amazement, ...　驚いたことに…

amazed と amazing

amaze「(人)をびっくりさせる」から、**amazed** という過去分詞と **amazing** という現在分詞が派生しています。両者を使い分けるには、一般に、過去分詞は“人の感情”を、現在分詞は“物の性質”を表すときに用いられると考えたらいいでしょう。よって **amazed** は「驚いた」、**amazing** は「驚くべき」などと訳されます。

→(次の現在分詞と過去分詞を訳し分けられますか？　P.157)

びっくりさせる②

©Artmim

astonish /アスタニシュ/

他 (人)をびっくりさせる、驚嘆させる

startle /スタートル/

他 (人)をびっくりさせる、驚かせる

astound /アスタウンド/

他 (人)をびっくり仰天させる

stun /スタン/

他 (人)をびっくりさせる

wonder /ワンダ/

自 驚嘆する

名 驚嘆、感嘆

☐ astonish

- be astonished at [by] ...　…に驚いている
- 派 astonishing　形 驚くべき、びっくりさせるような
- 派 astonishingly　副 驚くほど
- 派 astonishment　名 驚き
  - in [with] astonishment　とても驚いて
  - to *one's* astonishment, ...　とても驚いたことに…
    - ➡ **To my astonishment, my pet [favorite] cat prefers meat to fish.**
      驚いたことに私の愛猫は魚よりも肉が好きだ

☐ startle

- be startled by [at] ...　…に驚いている
- 派 startling　形 驚くべき、びっくりさせるような
- 派 startlingly　副 驚くほどに

☐ astound

- be astounded at [by] ...　…にたまげている
- 派 astounding　形 びっくり仰天させるような

☐ stun 〔変化形〕stun – stunned – stunned

- be stunned by [at] ...　…に驚いている
- 派 stunning　形 びっくりさせるような
- a stun gun　スタンガン

☐ wonder

- wonder at ...　…に驚嘆する
  - ➡ **Everyone wonders at the jumping ability of cats.**
    誰もが猫の跳躍力に驚嘆する
- the Seven Wonders of the World　世界の七不思議
- 派 wonderful　形 すばらしい、驚嘆すべき
  - a wonderful opportunity　絶好の機会

猫が登場する日本のことわざ。英語で言うと？

猫に鰹節（かつおぶし）	It is like trusting a cat with milk.	猫にミルクを見守ってもらうようなものだ
猫に小判	It is like casting pearls before swine.	豚の前に真珠を投げるようなものだ
窮（きゅう）鼠（そ）猫を噛（か）む	A cornered rat will bite the cat.	追い詰められた鼠（ねずみ）は猫を噛もうとする

大胆な

bold /ボウルド/
形 大胆な、勇敢な

brave /ブレイヴ/
形 勇敢な、大胆な

courageous /カレイヂャス/
形 勇敢な、度胸のある

daring /デアリング/
形 大胆な、勇敢な、向こう見ずな
名 大胆さ、勇気

fearless /フィアレス/
形 恐れを知らない、大胆不敵な

©らい

□ bold

- a bold attempt　大胆な試み
- a bold attack　大胆な攻撃
- a bold explorer　勇敢な探検家
- 派 boldly　副 大胆に、勇敢に
- 派 boldness　名 大胆さ、勇敢さ

□ brave

- a brave attempt　大胆な試み
- a brave soldier　勇敢な兵士
- 派 bravely　副 勇敢に、大胆に
- 派 bravery　名 勇敢さ、大胆さ、勇気

□ courageous

- a courageous decision　勇気ある決断
- a courageous person　勇敢な人
- 派 courage /カーリヂ/　名 勇気、大胆さ、度胸
  - have the courage to *do*　…する勇気がある
    - ➡ *Tama* **has the courage to strike back at a tiger.**
      タマには虎に歯向かう勇気がある

□ daring

- a daring act　大胆な行動
- a daring dress　大胆なドレス
- lose *one's* daring　勇気を失う
- 派 daringly　副 大胆に、勇敢に、向こう見ずに

□ fearless

- a fearless attitude　大胆不敵な態度
  - ➡ *Mike* **is cute but she sometimes takes a fearless attitude.**
    ミケはかわいいが時として大胆不敵な態度を取る
- a fearless fighter　恐れを知らない闘士
- 派 fearlessly　副 大胆に
- 派 fearlessness　名 大胆さ

目標

aim /エイム/
自 狙う、目指す
名 目標、目的、狙い

target /ターガト/
名 目標、的、狙い
他 …を狙う

goal /ゴウル/
名 目標、目的

end /エンド/
名 目標、狙い、目的

watch /ワチ/
自 待ち構える、狙う

□ aim

- **aim high** 志を高く持つ
- **aim at ...** …を狙う、…を目指す
  - ➡ *Nyanta* **aims at the head of his family.** ニャンタは家長の座を狙っている
- **aim for ...** …を狙う、…を目指す
  - ➡ **Whenever there is a chance, he aims for a promotion.**
    彼は隙(すき)あらば昇進を狙っている
  - ➡ *Tama* **aims for the Cat Championship.**
    タマは猫選手権優勝を目指している
- **take aim at ...** …に狙いを定める
- 派 **aimless** 形 目的のない、当てのない
- 派 **aimlessly** 副 当てもなく

□ target

- **hit the target** 的に当たる
- **miss the target** 的を外す
- **on target** 目標に的中して
- **target a new market** 新しい市場を狙う

□ goal

- **a common goal** 共通の目標
- **a difficult goal** 困難な目標
- **reach [achieve]** *one's* **goal** 目標を達成する
- **realize** *one's* **goal** 目標を実現する
- **set** *one's* **goal** 目標を設定する

□ end

- **gain [win]** *one's* **end(s)** 目標を達成する
- ☛ **end** 名 終わり、最後 他 …を終える 自 終わる

□ watch

- **watch for ...** …を狙う
  - ➡ **watch for a chance to** *do* …する機会[隙]を狙う
- ☛ **watch** 名 腕時計

探す

©StockSeller

look /ルク/
自 探す

search /サーチ/
他 （場所など）を探す
自 探す
名 搜索、調査

seek /スィーク/
他 …を探し求める
自 探し求める

hunt /ハント/
他 …を探し回る
自 探す
名 搜索、追求

□ look

- look for ...　…を探す
  - ➡ What are you looking for, *Mike*?　ミケ、何を探してるの
- look up ...　…を調べる、…を探す
  - ➡ look up a place on a map　地図で場所を探す
  - ➡ look up a word in a dictionary　辞典で単語を探す

□ search

- search a house　家宅捜索する
- search *one's* pockets for a key　鍵を求めて両ポケットを探す
- search for ...　…を探す
  - ➡ search for a lost kitten　迷子の子猫を捜す
  - ➡ search for ... carefully　…を念入りに探す
  - ➡ search for ... thoroughly　…を隈(くま)なく探す
- a search committee　調査委員会
- search and rescue　捜索救助
- in search of ...　…を探して

派 searcher　名 探す人

□ seek 〔変化形〕seek − sought − sought

- seek happiness　幸せを追い求める
- seek for ...　…を探し求める
  - ➡ seek for help　救助を求める

派 seeker　名 探究者

□ hunt

- hunt a murderer　殺人犯を追う
- hunt for ...　…を探す
  - ➡ hunt for a job　職を探す
- make a hunt for ...　…を探す

派 hunter　名 狩りをする人

- a treasure hunter　宝探しをする人

monopolize
/マナパライズ/
他 …を独占する、独り占めする

exclude /イクスクルード/
他 …を排除する、締め出す

corner /コーナ/
他 …を独占する

独占する

© Dream

monopolize

- **monopolize the conversation**　会話を独り占めする
- **monopolize the market**　市場を独占する
- 派 **monopolization**　名 独占
- 派 **monopoly** /マナパリ/　名 独占
  - **have a monopoly on [of] ...**　…を独占している
    - ➡ *Nyanta* **has a monopoly on the conversation of his fellow cats.**
      ニャンタは仲間の猫たちの会話を独り占めしている
  - **make a monopoly of ...**　…を独占する

exclude

- **exclude** *sb* **from a conversation**　人を会話から締め出す
- 派 **excluding ...**　前 …を除いて
  - **excluding myself**　私を除いて
- 派 **exclusive**　形 独占的な
  - **an exclusive agent**　総代理店
  - **an exclusive interview**　独占会見
  - **the exclusive right**　独占権
  - **exclusive economic zone**　排他的経済水域（略：**EEZ**）
- 派 **exclusively**　副 独占的に
  - **enjoy ... exclusively**　…を独占する
    - ➡ **Don't enjoy the privilege exclusively.**　特権を独占してはならない
- 派 **exclusion**　名 除外
  - **an exclusion zone**　立入禁止区域

corner

- **corner the market**　市場を独占する

〔その他〕

have ... to *one*self　…を独占している
〔変化形〕have – had – had

- **have a room to** *one***self**　部屋を独占している

keep ... to *one*self　…を独占する
〔変化形〕keep – kept – kept

刺激する①

©ramustagram

stimulate /スティミュレイト/

他 …を刺激する、(人)を激励する

excite /イクサイト/

他 (人)を興奮させる、…を刺激する、掻(か)き立てる

□ stimulate

- **stimulate** *sb's* **appetite**　人の食欲を刺激する
  - ➡ **The smell of grilled fish stimulates** *Tama's* **appetite.**
    焼き魚のにおいはタマの食い気をそそる
- **stimulate** *sb* **to** *do*　人を刺激して…させる
  - ➡ **Praise stimulates children to work hard.**
    褒められると子どもたちはやる気になる

派 **stimulating**　形 刺激的な、励ましとなる
- **stimulating beverages**　刺激的な飲み物
- **a stimulating experience**　刺激的な経験

派 **stimulative**　形 刺激的な、興奮させる、励ましとなる
- **stimulative measures**　刺激策、景気対策

派 **stimulation**　名 刺激、激励、励まし
- **stimulation of domestic demand**　国内需要の刺激

派 **stimulus**　名 刺激、激励、励み
- **study under the stimulus of praise**　褒められて勉強する

派 **stimulant**　名 刺激剤、興奮剤

□ excite

- **The news excited everybody.**　誰もがそのニュースに興奮した

派 **excited**　形 興奮した
- **get excited at [about] ...**　…に興奮する
  - ➡ **Every cat gets excited at cat teasers.**
    どの猫も猫じゃらしには興奮する

派 **exciting**　形 興奮させる、刺激的な
- **an exciting trip**　わくわくする旅行

派 **excitement**　名 興奮
- **in excitement**　興奮して

「ゴリラ」と「ゲリラ」には深い関係が。いったい……!?

「ゴリラ」が棲息（せいそく）する地域では「ゴリラ」も「ゲリラ」の一員として戦闘に参加するというのでしょうか？　決してそうではありません。「ゴリラ」は **gorilla**、「ゲリラ」は **guerilla, guerrilla** とつづりますが、実はどちらも /ガリラ/ と発音されるのです。

➡（発音は同じでもつづりや意味が異なる　P.154）

刺激する②

motivate /モウタヴェイト/

他 …に刺激を与える、動機を与える

incite /インサイト/

他 …を刺激する、（怒りなどをあおって人）を駆り立てる

rouse /ラウズ/

他 …を刺激する、（人）を励ます

arouse /アラウズ/

他 …を刺激する、掻き立てる

spur /スパー/

他 …を刺激する、駆り立てる

名 刺激、動機、拍車

□ motivate

- **motivate** *sb* **to** *do*　人を…する気にさせる
  - ➡ **Our teacher motivates us to work hard.**
    私たちの先生は私たちを一生懸命勉強する気にさせてくれる
  - ➡ **Cats are often motivated to steal raw fish.**
    猫はよく生魚を盗む意欲に駆られる

派 **motivated**　形 やる気のある

派 **motivation**　名 刺激、自発性、積極性

- **Workers must have a motivation to raise productivity.**
  労働者には生産性を高める動機づけが必要である

派 **motive**　名 動機、刺激

□ incite

- **incite anxiety**　不安を掻(か)き立てる
- **incite** *sb* **to ...**　人を…へと駆り立てる
  - ➡ **incite a crowd to riot**　群衆を暴動に向かわせる
- **incite** *sb* **to** *do*　人を励まして…させる
  - ➡ **I incite my son to make efforts.**　私は息子を励まして努力を促す

派 **incitement**　名 刺激、激励

派 **incitation**　名 刺激、激励

□ rouse

- **rouse the masses**　大衆を扇動する
- **be roused to ...**　…へと掻き立てられる

□ arouse

- **arouse** *sb* **to ...**　人を…へと駆り立てる

□ spur 〔変化形〕spur – spurred – spurred

- **spur** *sb* **to [into] ...**　人を…へと駆り立てる
- **by the spur of ...**　…に駆られて
  - ➡ *Mike* **left on a trip by the spur of ambition.**
    ミケは野心に駆られて旅に出た

☛ **spur**　他 (馬)に拍車を掛けて進ませる

©infinityyy

近づく

approach /アプロウチ/

他 …に近づく、接近する
自 近づく、接近する
名 接近、アプローチ

near /ニア/

他 …に近づく
自 近づく、近寄る
形 近い、近くの
副 近くに

close /クロウス/

形 接近した、すぐ近くの
副 接近して、すぐ近くに

access /アクセス/

名 接近、アクセス
他 …にアクセスする

□ approach

- A typhoon is approaching Okinawa.　台風が沖縄に接近している
- A typhoon is approaching.　台風が接近している
- make an approach to ...　…に近づく
- with the approach of spring　春の訪れと共に
- 派 approachable　形 近づくことができる
- 「…に近づく」という他動詞では approach to ... の to が不要

□ near

- near an end　終わりに近づく
- the examination nears　試験が近づく
- in the near future　近い将来に
- come near to ...　…に近づく
  - → Don't come near to the fire, *Mike*.　ミケ、火に近づくんじゃないよ
- draw near　近づく、近寄る
  - → Christmas is drawing near.　もうすぐクリスマスだ
- nearly　副 ほとんど、すんでのところで

□ close

- a close view　近景
- come [get] close to ...　…に近づく
  - → The cats finally came close to their pet hotel.
    猫たちはやっとペットホテルに近づいた
- close /クロウズ/　他 …を閉じる、閉める、終える　自 閉まる、終わる
- closely　副 綿密に、念入りに、ぴったりと

□ access

- access to the Internet　インターネットへのアクセス
- gain access to ...　…に接近する
- access the Internet　インターネットにアクセスする
- 派 accessible　形 近づきやすい、利用しやすい
- 派 accessibility　名 近づきやすさ、利用できること
- 派 accession　名 接近

休む

rest /レスト/
名 休息、休憩
自 休む、休憩する
他 …を休ませる、休息させる

break /ブレイク/
自 一休みする
名 休み、休憩

relax /リラクス/
自 くつろぐ、息抜きをする
他 (人)をくつろがせる、休ませる

repose /リポウズ/
名 休息、休憩
自 横になって休む

recess /リーセス/
recess /リセス/
名 休み時間

□ rest

- **take a rest**　一休みする
- **a rest room**　トイレ
- **rest on *one's* bed**　ベッドに横になる
- **rest *one*self**　休息する
- **rest *one's* eyes**　目を休ませる

□ break〔変化形〕break – broke – broken

- **break for ...**　…のために一休みする
  - ➡ **Why don't we break for tea?**　一休みしてお茶でも飲みませんか
- **take a break**　一休みする
- **without a break**　休みなしに

□ relax

- **Now, please relax.**　さあ気楽にしてください
- **The music will relax you.**　音楽を聴くとくつろげますよ
- 派 **relaxed**　形 くつろいだ
  - **feel relaxed**　くつろぐ
- 派 **relaxing**　形 くつろがせてくれる
- 派 **relaxation**　名 くつろぎ

□ repose

- **take repose**　休息する
- **repose on *one's* bed**　ベッドに横になる
  - ➡ **Being tired, *Tama* reposed on his bed quickly.**
    疲れていたのでタマはすぐにベッドに横になった

□ recess, recess

- **take a recess**　休憩を取る
- **at recess**　休み時間に
- **a noon recess**　昼休み

busy の名詞形は？

「ビジネス」という言葉は身近で、**business** /ビズナス/ とつづることはよく知られています。一方、 **busy** にそのまま **-ness** を付けた **busyness** /ビズィナス/ という言葉もあって、こちらは「忙しさ」を意味します。両者の発音の違いにも注意しましょう。

➜（つづりを使い分けられますか？　P.153）

言う

say /セイ/

自 言う、話す

他 (言葉)を言う、話す

tell /テル/

他 …を話す、言う

自 話す、語る

□ say 〔変化形〕say － said － said

- **say to** *sb*　人に言う
  - ➡ **I said to him.**　私は彼に言った
- **It is just as you say.**　あなたの言うとおりです
- **A cat says "meow".**　猫がニャーニャーと鳴く
- **say that ...**　…であると言う
  - ➡ **It is said that cats are noble animals.**
    猫は高貴な動物であると言われている
- **say ... to** *sb*　人に…を言う
  - ➡ *Tama* **said good-bye to his owner.**　タマは飼い主にさようならと言った
  - ➡ **Please say hello to your pet cat.**　あなたの飼い猫によろしく
- **don't say a word**　ひと言も言わない
- **What did you say?**　何と言いましたか
- **Say it again, please.**　もう一度言ってください

派 **saying**　名 ことわざ、格言

□ tell 〔変化形〕tell － told － told

- **tell** *sb* **...**　人に…を話す
  - ➡ **I will tell you the story about a lucky cat.**
    私はあなたに招き猫の話をしてあげましょう
  - ➡ **To tell (you) the truth, not all cats catch mice.**
    本当のことを言うとすべての猫が鼠(ねずみ)を捕るわけではない
- **tell ... to** *sb*　人に…を話す
- **tell** *sb* **(that) ...**　人に…であると話す
- **tell** *sb* **to** *do*　人に…するように言う
- **tell a lie**　うそをつく
- **tell** *one's* **name**　自分の名前を言う
- **tell the secret**　秘密を話す
- **I tell you what.**　ねえねえこうしましょうよ
- **tell about [of] ...**　…について話す
- **Time will tell.**　時が来れば分かる
- **You can never tell.**　先のことは分かりません

©chie_hidaka

話す

talk /トーク/

自 話す、しゃべる

他 …を話す、…のことを話す、…について論じる

名 話、おしゃべり

speak /スピーク/

自 話す、しゃべる

他 …を話す、語る

chat /チャト/

自 おしゃべりする

名 おしゃべり；チャット

□ speak 〔変化形〕speak – spoke – spoken

- **Please speak more slowly.**　もっとゆっくり話してください
- **speak about [of, on] ...**　…について話す
  - ➡ **Speak of the devil, and he will appear.**
    噂(うわさ)をすれば影が差す　※ **the devil** 悪魔
- **speak to** *sb*　人に話をする、人に話しかける
  - ➡ **I'm often spoken to by a stranger.**
    私はよく見知らぬ人から話しかけられる
  - ➡ **May I speak to Mr. Inoue?**　もしもし、井上さんをお願いします
- **speak with** *sb*　人と話をする
- **frankly speaking**　正直に言えば
- **generally speaking**　一般的に言えば
- **speak fluent English**　英語を流暢(りゅうちょう)に話す
- **speak the truth**　真実を語る

□ talk

- **talk about [of] ...**　…について話す
  - ➡ **What are you talking about,** *Nyanta***?**　ニャンタ、何言ってんだい
- **talk to** *sb*　人に話しかける
  - ➡ *Mike* **often talks to herself when she is left alone.**
    ミケは一人ぼっちになると時々独り言を言う
- **talk with** *sb*　人と話す
- **talk big**　ほらを吹く
- **Money talks.**　金が物を言う、地獄の沙汰も金次第
- **talk business**　商売の話をする
- **a talk show**　トークショー
- **have a talk with** *sb*　人とおしゃべりをする
- 派 **talkative**　形 話好きな、おしゃべりな

□ chat 〔変化形〕chat – chatted – chatted

- **chat with** *sb*　人とおしゃべりする
- **have a chat with** *sb*　人とおしゃべりをする

つかむ①

©YOSHI

catch /キャチ/
他 …をつかまえる
自 つかむ

seize /スィーズ/
他 …を強くつかむ、握る
自 つかむ

□ catch 〔変化形〕catch – caught – caught

- **catch a ball** ボールをキャッチする
- **catch a fish** 魚をつかまえる
- **catch** *sb* **by the arm** 人の腕をつかむ
- **catch** *sb's* **attention** 人の注意を引く
- **catch** *one's* **breath** 一息入れる；息を呑む
- **catch a cold** 風邪を引く
- **catch the first train** 始発電車に間に合う
- **catch** *one's* **finger in the door** 指をドアに挟む
- **catch at ...** 《英》…をつかもうとする
  - ➡ **A drowning man will catch at a straw.**
    溺れる者は藁をもつかむ

派 **catcher** 名 捕手、キャッチャー

☛ **play catch** キャッチボールをする

□ seize

- **seize a chance** チャンスをつかむ
- **seize a golden opportunity** 絶好の機会をとらえる
- **seize power** 権力を握る
- **seize a profit** 利益を手に入れる
- **seize** *sb* **by the wrist** 人の手首をぎゅっとつかむ
- **seize on ...** …を力づくでつかむ
  - ➡ **The cat seized on the branch on which there were insects.**
    その猫は昆虫が止まっている枝をひっつかんだ
  - ➡ *Mike* **seized on the chance to take part in a beauty contest.**
    ミケはビューティーコンテストに出るチャンスをつかんだ

派 **seizure** 名 つかむこと

have to *do* の have to の発音

have to *do*「…しなければならない」の **have** は、/ハヴ/ ではなくて /ハフ/ と発音されることはよく知られています。そのため **have to** の発音も /ハフタ/ となります。
では、**has to** や **had to** はどうなるのでしょうか？　これらもやはり **has to** /ハスタ/、**had to** /ハタ/ となるのです。

©akz

つかむ②

hold /ホウルド/
他 …をつかむ、握る

grasp /グラスプ/
他 …をしっかりつかむ、握る
自 つかもうとする

grab /グラブ/
他 …をしっかりつかむ
自 ひっつかむ

grip /グリプ/
他 …をしっかりつかむ、握る

□ hold 〔変化形〕hold – held – held

- **hold a pen**　ペンを持つ
  - ➡ *Tama* **can hold a pen with his paws.**
    タマは前足でペンをつかむことができる
- **hold a baby in** *one's* **arms**　赤ん坊を抱く
- **hold a cigar in** *one's* **mouth**　口に葉巻をくわえている
- **hold** *sb* **by the hand**　人の手を握る
  - ➡ **He held his friend by the hand.**　彼は友人の手を握った
- 派 **holder**　名 所有者、保持者
- 派 **holding**　名 持ち株
- 派 **holdings**　名 所有財産

□ grasp

- **grasp a chance to** *do*　…するチャンスをつかむ
- **grasp the opportunity**　機会を逃さない
  - ➡ *Nora* **grasped the opportunity to be kept by an owner.**
    ノラは飼い猫になるチャンスを逃さなかった
- **grasp the point**　要点をつかむ
- **grasp a rope**　ロープをつかむ
- **grasp a complete view of ...**　…の全体像をつかむ
- **grasp at the opportunity**　機会を逃さない

□ grab 〔変化形〕grab – grabbed – grabbed

- **grab the rail**　手すりにつかまる
- **grab** *sb* **by the collar**　人の襟首をつかむ
  - ➡ **I grabbed the thief by the collar.**
    私は泥棒の襟首をつかんでやった
- **grab at ...**　…をひったくる、…に飛び付く
  - ➡ **grab at a chance**　チャンスに飛び付く

□ grip 〔変化形〕grip – gripped – gripped

- **grip a racket**　ラケットを握る

often の発音は？

often「しばしば」では **t** は発音されず、 /オーフン/ に近い発音をすると教わった人も多いことでしょう。しかし、英米では /オフタン/ と **t** も発音される傾向が強まってきているようです。このような笑い話があります。**often** をどう発音するか尋ねられた人がこう答えたそうです。

I often(オーフン) say "often(オフタン)".

©gtlv

叫ぶ

cry /クライ/
自 叫ぶ、泣く
他 …と大声で叫ぶ
名 泣き叫び

shout /シャウト/
自 叫ぶ、大声で言う
他 …を叫ぶ、大声で言う
名 叫び(声)、大声

call /コール/
他 …を叫ぶ
自 呼ぶ、叫ぶ
名 呼び声、叫び(声)

exclaim /イクスクレイム/
自 叫ぶ
他 …と叫ぶ

yell /イェル/
自 大声で叫ぶ、わめく
他 …を大声で叫んで言う
名 叫び声、わめき声

scream /スクリーム/
自 金切り声を上げる、悲鳴を上げる
他 …と金切り声で叫ぶ
名 金切り声、悲鳴

screech /スクリーチ/
自 金切り声を上げる
名 金切り声

他 他動詞とその例　自 自動詞とその例　その他の例　名 名詞　形 形容詞 など　派 派生語　参考

□ cry

- cry for ...　…を求めて叫ぶ
  - ➡ **The kitten is crying for milk.**　子猫がミルクをほしがって鳴いている
- cry that ...　…であると叫ぶ
- have a good cry　思う存分泣く

□ shout

- shout for help　大声で助けを求める
  - ➡ *Tama* **shouted for help when he looked at a needle.**
    タマは注射針を見て助けてと鳴いた
- shout that ...　…であると叫ぶ
- give a warning shout　大声で警告する

□ call

- call (out) *sb's* name　人の名前を叫ぶ
- call from downstairs　階段の下から呼ぶ
- a call for help　助けを呼ぶ声
- the call of nature　トイレに行きたくなること

□ exclaim

- exclaim against ...　…に猛反対する
- exclaim that ...　…であると叫ぶ

□ yell

- yell at a child　子どもを怒鳴りつける
- yell *sb's* name　人の名前を大声で呼ぶ
- let out a yell　叫び声を上げる

□ scream

- scream to *sb* for help　人に大声で助けを求める
- scream (out) a warning　大声で警告を出す
- give a sharp scream　耳をつんざくような声で叫ぶ

□ screech

- screech for help　助けを求めて金切り声を上げる
- give a screech　金切り声を上げる

©maron

悪い

bad /バド/

形 悪い、嫌な

evil /イーヴァル/

形 悪い、邪悪な、悪質な

名 悪、邪悪

ill /イル/

形 悪い

副 悪く

wicked /ウィキド/

形 悪い、邪悪な、意地悪な

naughty /ノーティ/

形 悪い、いたずらな

mischievous /ミスチヴァス/

形 いたずらな

wrong /ロング/

形 悪い、不正な

名 悪、不正

□ bad 〔比較変化〕bad － worse － worst

- **a bad smell**　嫌なにおい
- **have bad manners**　行儀が悪い
  - ➡ **In fact, humans have worse manners than cats.**
    実際、人間は猫よりも行儀が悪い

□ evil

- **evil deeds**　悪行
- **an evil heart**　邪悪な心
- **an evil man**　悪い人
- **social evils**　社会悪
- **do evil**　悪いことをする

□ ill 〔比較変化〕ill － worse － worst

- **ill deeds**　悪行
- **ill effect**　悪影響、弊害(へいがい)
- **ill repute**　悪い評判
- **speak ill of ...**　…のことを悪く言う
  - ➡ **Never speak ill of your fellow cats.**
    仲間の猫たちの悪口を言っては駄目だ

☛「病気の」は主に《米》では **sick**、《英》では **ill** を用いる

□ wicked

- **wicked deeds**　悪事
- **a wicked smile**　悪意のあるほほえみ

□ naughty

- **a naughty boy**　腕白な少年

□ mischievous

- **a mischievous boy**　いたずらな男の子

派 **mischief**　名 いたずら、悪さ

□ wrong

- **a wrong act**　不正な行為
- **do wrong**　罪を犯す
- **know right from wrong**　善悪の区別ができる

飲む①

drink /ドリンク/

他 …を飲む

自 酒を飲む

名 飲み物、飲料；酒

have /ハヴ/

他 …を飲む

take /テイク/

他 …を飲む

lap /ラプ/

他 …をぴちゃぴちゃと飲む

eat /イート/

他 …を飲む

©yuki

□ drink 〔変化形〕drink − drank − drunk

- drink (a cup of) coffee　コーヒーを（1杯）飲む
- drink (a glass of) juice　ジュースを（1杯）飲む
- drink (a cup of) tea　お茶を（1杯）飲む
- drink (a glass of) water　水を（1杯）飲む
- What would you like to drink?　何を飲みたいですか
- Would you like something to drink?　飲み物はいかがですか
- drink a lot　たくさん飲む
- drink once a week　酒を週に一度飲む
- canned drinks　缶入り飲料
- soft drinks　ノンアルコール飲料
- strong drinks　アルコール飲料
- food and drink　飲食物

派 drinking　名 飲むこと、飲酒

派 drunk　形 酔った、酔っ払った

- drunk driving　飲酒運転

派 drunken　形 酔っ払った

- drunken driving　飲酒運転

□ have 〔変化形〕have − had − had

- have (a cup of) coffee　コーヒーを（1杯）飲む
- have (a cup of) tea　お茶を（1杯）飲む
- have a drink　1杯やる

□ take 〔変化形〕take − took − taken

- take a glass of cola　コーラを1杯飲む
- take medicine　薬を飲む

□ lap 〔変化形〕lap − lapped − lapped

- A cat is lapping (up) the water.　猫が水をぴちゃぴちゃと飲んでいる

□ eat 〔変化形〕eat − ate − eaten

- eat soup　スープを飲む　※スプーンなどを使う場合は eat を使う

©Svetlana Rey

飲む②

swallow /スワロウ/
他 （飲食物）を飲み込む
自 飲み込む

gulp /ガルプ/
他 （飲食物）を飲み込む
自 飲み込む
名 ゴクゴクと飲み込むこと

sip /スィプ/
他 …をちびりちびり飲む
自 ちびりちびり飲む
名 ちびりちびり飲むこと

guzzle /ガズル/
他 …をがぶがぶと飲む
自 がぶがぶと飲む

slurp /スラープ/
他 （飲食物）をズルズルとすする
自 ズルズルとすする

□ swallow

- **swallow food** 食べ物を飲み込む
- **swallow a pill** 錠剤を飲み込む
- **swallow hard** つばをごくりと飲み込む
- **swallow** 名 つばめ
  - **One swallow does not make a summer.**
    つばめが一羽来ただけでは夏にならない；早合点は禁物だ

□ gulp

- **gulp (down) ...** …を飲み込む
  - ➡ *Tama* **gulped down water when he felt thirsty.**
    喉が渇いていたのでタマは水をがぶ飲みした
- **gulp at ...** （飲み物）をゴクゴク飲む
- **at a gulp** 一口で、一気に
- **in one gulp** 一口で、一気に

□ sip 〔変化形〕sip – sipped – sipped

- **sip wine from a glass** グラスのワインをちびりちびり飲む
- **sip at ...** …をちびりちびり飲む
- **drink ... in (small) sips** …を少しずつ飲む

□ guzzle

- **guzzle many cups of coffee** コーヒーを何杯もがぶ飲みする
- **Don't guzzle.** がぶ飲みはやめなさい

□ slurp

- **slurp tea** お茶をすする
- **slurp** *one's* **soup** スープをズルズルとすする
- **slurp on soup** 音を立ててスープを飲む

「火中の栗を拾う」を英語で言うと？

英語でもずばり、**pull chestnuts out of the fire**「火から栗を取り出す」と言います。ここで「栗」を意味する **chestnut** /チェスナト/ の最初の **t** は発音しないことに注意してください。このように日本語と英語の発想が似通っている例はほかにもたくさんあります。

→（日本語と英語の表現が似ているもの　P.167）

食べる①

eat /イート/

他 …を食べる

自 食べる、食事をする

have /ハヴ/

他 …を食べる

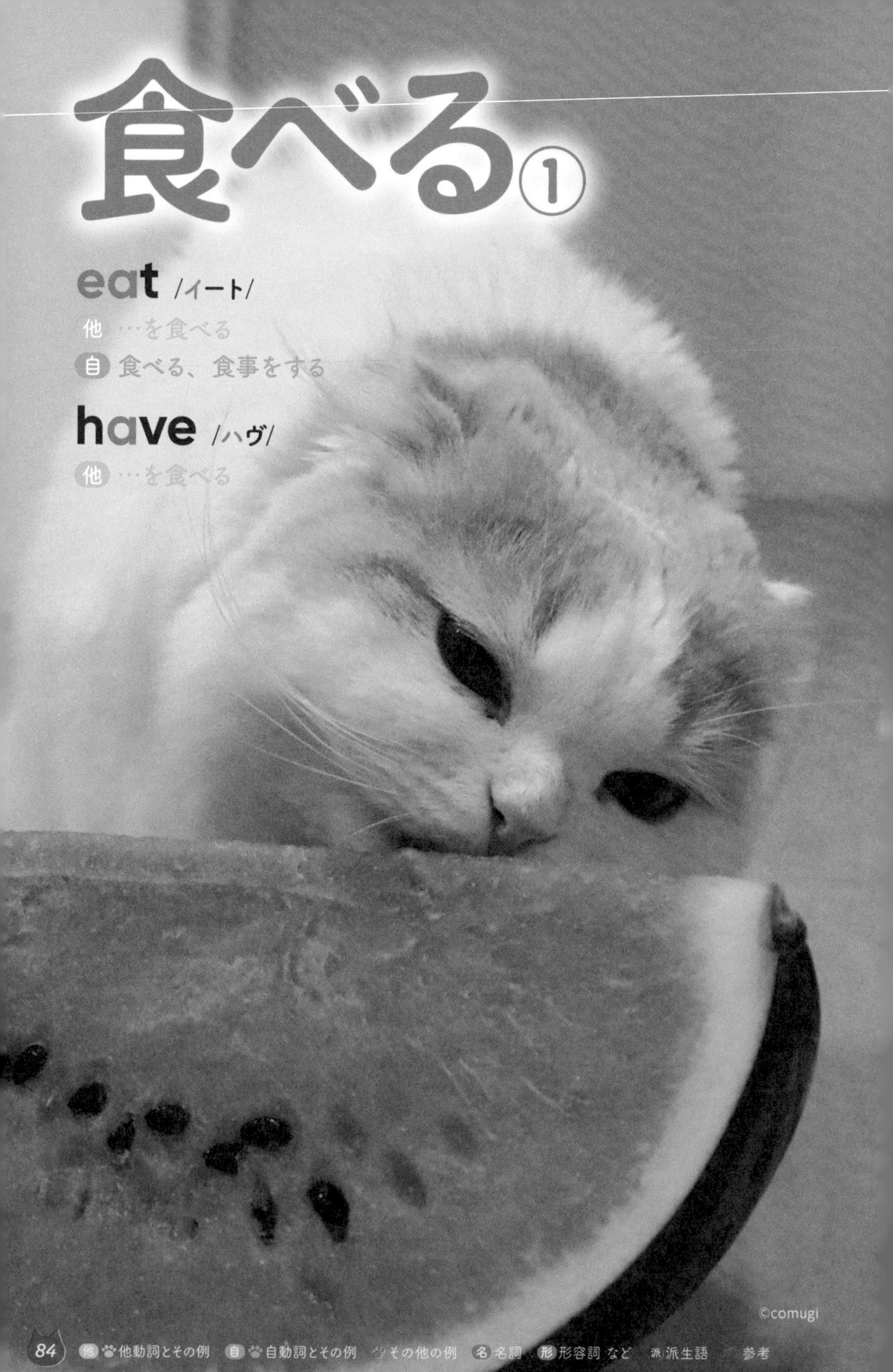

□ eat 〔変化形〕eat − ate − eaten

- eat rice　ご飯を食べる
- eat good food　美食する
- Give me something to eat.　何か食べ物をください
- eat and drink　飲食する
- eat in　家で食べる
- eat out　外で食べる、外食する
- eat up ...　…を残さず食べる
- eat well　たらふく食べる
- eat enough for two　二人分食べる

派 eater　名 食べる人

- a heavy [big] eater　大食家
- a light [small] eater　少食家

派 eatable　形 食べられる

派 uneatable　形 食べられない

☛ eat soup　スープを飲む　※スプーンなどを使う場合は eat を使う

☛ edible /エダブル/　形 食べられる　※反対語は inedible /イネダブル/「食べられない」

☛ feed　他 …に食べ物を与える

□ have 〔変化形〕have − had − had

- have breakfast　朝食を取る
- have lunch　昼食を取る
- have a bite　一口食べる
  - ➡ Shall we have a bite to eat?　軽い食事でもいかがですか
- have a slice of bread　パンを一切れ食べる

zoology の発音は？

zoo は「動物園」の意味で /ズー/ と発音されることはよく知られています。では、 zoology「動物学」はどのように発音されるのでしょうか？
zoology を音節で分けると zo・ol・o・gy となり、zo- は /ゾウ/ か /ズ/ と、-ology「…学」は /アラヂ/ と発音され、全体として /ゾウアラヂ/ か /ズアーラヂ/ と発音されます。私の経験では、多くの人が /ズーラヂ/ と発音しているような気がします。

食べる②

©maron

dine /ダイン/

自 食事をする

munch /マンチ/

他 …をもぐもぐ食べる

自 もぐもぐ食べる

devour /ディヴァウア/

他 …をむさぼり食う、がつがつ食う

snack /スナク/

名 軽食、間食、おやつ

自 軽食を取る、間食をする

☐ dine

- **dine at a restaurant**　レストランで食事をする
- **dine in**　家で食べる
- **dine out**　外で食べる、外食する
- **dine well**　体に良い物を食べる
- **dine with a group**　みんなで食事をする
- **wine and dine** *sb*　人を酒食でもてなす

☐ munch

- **munch a sandwich**　サンドイッチをもぐもぐ食べる
- **munch at [on] ...**　…をむしゃむしゃ食べる
  - → *Nyanta* **also munches on a hamburger.**
    ニャンタもハンバーガーをむしゃむしゃ食べる

☐ devour

- **devour delicacies**　ごちそうをむさぼり食う　※**delicacy** /デリカスィ/ ごちそう
- **devour food**　食べ物をむさぼり食う
  - → *Mike* **devoured a long-cherished sliced raw fish.**
    ミケは待ちに待った刺し身をがっついた
- **devour**　他 …をむさぼり読む；…を食い入るように見る；…に熱心に聞き入る
  - **devour every word**　一言一句聞き漏らさない

☐ snack

- **snack bar**　軽食堂
- **snack foods**　スナック食品
- **snack a lot**　よく間食をする
- **snack on ...**　軽食に…を食べる

“初めて会ったとき”と“別れるとき”の挨拶には違いがあるの？

よく **Nice to meet you.** という表現を耳にしますが、これは初めて会ったときの「初めまして」に相当し、最後に別れるときには **Nice meeting you.**「お会いできてうれしかった」を使います。**Nice to meet you.** は **It's nice to meet you.** の、**Nice meeting you.** は **It was nice meeting you.** の省略形と考えると区別がしやすいでしょう。

→（うまく使おう日常会話表現　P.184）

©yoko.m

得る①

get /ゲト/
他 …を得る、手に入れる

gain /ゲイン/
他 …を得る、手に入れる

obtain /アブテイン/
他 …を得る、手に入れる

□ get 〔変化形〕get – got – got/gotten

- **get (an) e-mail** 電子メールを受け取る
- **get a gift** プレゼントをもらう
- **get a job** 就職する
  - ➡ **I finally got a job at a cat café.** やっと猫カフェに就職が決まった
- **get a letter from** *sb* 人から手紙をもらう
- **get good marks in ...** …で良い点を取る
- **get a position** 地位を手に入れる
- **get the first prize** 一等賞をもらう
- **get wealth** 富を得る

□ gain

- **gain experience** 経験を積む
- **gain fame** 名声を手に入れる
- **gain power** 権力を手に入れる
- **gain a victory** 勝利を手にする
- **gain weight** 体重が増える
- ☛ **The clock gains several seconds a day.** 時計が1日に数秒進む

□ obtain

- **obtain information** 情報を入手する
- **obtain a job** 仕事にありつく
- **obtain knowledge** 知識を得る
  - ➡ *Mike* **obtains knowledge of manipulating her owner as she likes.**
    ミケは飼い主を自在に操る術を知っている
- **obtain a position** 地位を手に入れる
- **obtain a prize** 賞を獲得する
- **obtain wealth** 富を得る

five head of cattle「牛5頭」は正しいの？

これはきわめて高度な知識を要求されます。「5頭」だから **five heads** と複数形にすべきと思われるかもしれませんが、**head** が「家畜の頭数」を表すときには単複同形になるという珍しい約束事があるのです。よって **five head of cattle** は正しいことになります。

得る②

take /テイク/

他 …を手に取る、得る、手に入れる

acquire /アクワイア/

他 …を手に入れる、獲得する

win /ウィン/

他 …を得る、獲得する

earn /アーン/

他 …を稼ぐ、得る

他 他動詞とその例 自 自動詞とその例 その他の例 名 名詞 形 形容詞 など 派 派生語 参考

□ take 〔変化形〕take – took – taken

- **take a gold medal**　金メダルを取る
- **take *sb's* order**　人から注文を取る
  - ➡ **May I take your order?**　何を召し上がりますか
- **take notes**　ノートを取る、メモをする
- **take a photo**　写真を撮る
  - ➡ **Could you take a photo of my pet [favorite] cat with [and] me?**
    私と愛猫のツーショット写真を撮っていただけますか
- **take a seat**　席を取る
  - ➡ **Is this seat taken?**　この席はふさがっていますか

□ acquire

- **acquire a new customer**　新しい顧客を獲得する
- **acquire knowledge about ...**　…の知識を身に付ける
- **acquire land**　土地を手に入れる
- **acquire rights**　権利を手にする
- **acquire wealth**　富を得る

□ win 〔変化形〕win – won – won

- **win a championship**　優勝する
- **win fame**　名声を手に入れる
- **win a bronze medal**　銅メダルを取る
- **win popularity**　人気を得る
  - ➡ **Lucky cats win great popularity in every store.**
    招き猫はどの店でも大評判だ
- **win a prize**　賞を得る

派 **winner**　名 勝者、受賞者

□ earn

- **earn *one's* living**　生活費を稼ぐ
- **earn a silver medal**　銀メダルを取る
- **earn *sb's* respect**　人から尊敬される
- **earn a big salary**　高給を稼ぐ

©decoplus

邪魔する①

disturb /ディスターブ/

他 （人）を邪魔する、妨げる

自 睡眠を邪魔する

hinder /ヒンダ/

他 …を妨げる、妨害する

prevent /プリヴェント/

他 …を防ぐ、妨げる

disturb

- **disturb** *sb* **in** *sb's* **work**　人の仕事の邪魔をする
- **disturb** *one's* **health**　体調を崩す
- **disturb (the) peace**　平和を乱す
  - → *Tama* **often disturbs the peace at home.**
    タマはよく家庭の平和を乱す
- **disturb** *sb's* **sleep**　人の眠りを妨げる
- **I'm sorry to disturb you.**　お邪魔をして申し訳ありません
- **Don't disturb yourself.**　どうぞお構いなく
- **Don't disturb.**　（ホテルで）起こさないでください

派 **disturbance**　名 妨害

hinder

- **hinder business**　ビジネスの妨げになる
- **hinder** *sb's* **career**　人の経歴の邪魔になる
- **hinder peace**　和平を妨げる
  - → **There are so many wars which hinder peace.**
    和平を妨げる戦争があまりにも多い
- **hinder** *sb's* **study**　人の勉強に差し支える
- **hinder traffic**　交通を妨害する
  - → **We must be careful not to hinder traffic.**
    通行の妨げにならないように注意しなければならない
- **hinder** *sb* **from** *do***ing**　人が…するのを妨げる
  - → *Tama* **often hinders his owner from remote working.**
    タマはよく飼い主のリモートワークの邪魔をする

派 **hindrance**　名 妨害、障害

prevent

- **prevent** *sb* **from** *do***ing**　人が…するのを妨げる
  - → **Sickness prevented me from attending a party.**
    病気で私はパーティーに出ることができなかった
  - → **prevent** *one***self from laughing**　笑いをこらえる

派 **prevention**　名 防止、阻止

©mimosa

邪魔する②

obstruct
/アブストラクト/
他 …をふさぐ、妨害する

block /ブラク/
他 …を妨害する、さえぎる

interrupt
/インタラプト/
他 …を邪魔する、さえぎる

interfere
/インタフィア/
自 邪魔する、妨げになる

□ obstruct

- **obstruct a plan**　計画を邪魔する
- **obstruct a road**　道路を通れなくする
  - ➡ **Many stray cats obstructed the road and we had to go around.**
    野良猫が道路をふさいでいたので私たちは回り道をするほかなかった
- **obstruct a view**　眺めをさえぎる

派 **obstruction**　名 妨害、障害（物）

□ block

- **block a bridge**　橋を閉鎖する
- **block** *sb's* **plan**　人の計画を阻止する
  - ➡ *Nyanta* **sometimes blocks** *Mike's* **plan.**
    ニャンタはミケの計画の邪魔を時々する
- **block** *sb's* **view**　人の視野をふさぐ
- **block** *sb's* **way**　人を通らせない

派 **blockade**　名 封鎖、交通遮断

□ interrupt

- **interrupt a conversation**　会話に割って入る
- **interrupt a program**　番組を中断する
- **Sorry to interrupt you, but ...**　お話し中恐れ入りますが…

派 **interruption**　名 邪魔、妨害、中断

□ interfere

- **interfere with ...**　…を邪魔する、妨害する
  - ➡ **interfere with a good relationship**　良好な関係を妨げる
  - ➡ **My pet cat often interferes with my reading a paper.**
    私の飼い猫は私が新聞を読むのをよく邪魔する

派 **interference**　名 邪魔、妨害、干渉

「手荷物1個」を英語で言うと？

「手荷物」は **baggage** であることから、日本人の感覚からすると **a baggage** と言っても良さそうに思えるのですが、英語ではどういうわけか **baggage** は不可算名詞扱いとなるため、数えるときには **a piece of baggage** と言わなければなりません。**bag**「バッグ」は可算名詞なので、**a bag**、**two bags** と数えます。 ➜（**a ～, an ～** と言えると思ったら大間違い　P.160）

笑う①

laugh /ラフ/

自 笑う

他 …を笑って表す

名 笑い、笑い声

smile /スマイル/

自 ほほえむ、にっこり笑う

他 …をほほえんで表す

名 ほほえみ、微笑

□ laugh

- **laugh loudly**　大声で笑う
- **laugh at *sb***　人のことを笑う
- **break out laughing**　爆笑する
- **burst out laughing**　爆笑する
- **make *sb* laugh**　人を笑わせる
  - ➡ **Don't make me laugh.**　笑わせないでくれよ
- **I can't but laugh.**　私は笑わずにはいられない
- **laugh a [an] ... laugh**　…な笑いをする
  - ➡ **When I read the *manga* of cats, I laughed a hearty laugh.**
    私は猫の漫画を読んで心の底から笑った
- **a forced laugh**　作り笑い

派 **laughing**　形 笑っている、笑うべき

- **It's no laughing matter.**　それは笑い事ではない

派 **laughter**　名 笑い、笑い声

- **burst into laughter**　どっと笑い出す

□ smile

- **smile happily**　にこやかに笑う
- **smile at *sb***　人にほほえむ
- **Let's all smile at the camera.**
  皆さん、カメラに向かってにっこりしましょう
- **smile *one's* thanks**　笑って感謝の気持ちを表す
- **smile a [an] ... smile**　…なほほえみをする
  - ➡ ***Mike* smiled a happy smile when she found me.**
    ミケは私を見つけてうれしそうにほほえんだ
- **with a smile**　にっこりして

☛ **smiley**　名 スマイリー（コンピューターの笑顔のマーク）

「非常に頭の切れる」のたとえに使われる名詞は？

「非常に頭の切れる」と言いたいときに、日本語では「剃刀（かみそり）のように頭の切れる」という比喩表現が使われますが、英語でもまったく同じく **as sharp as a razor** と、**razor**「剃刀」が用いられます。最初の **as** は省略することができます。➔（**as** を使った比喩表現　P.168）

sneer /スニア/
自 あざ笑う、冷笑する
他 …をあざけって言う
名 あざ笑い、冷笑

chuckle /チャクル/
自 くすくす笑う
名 くすくす笑い

giggle /ギグル/
自 くすくす笑う
名 くすくす笑い、忍び笑い

grin /グリン/
自 にこやかに笑う、にやりと笑う
名 にこやかな笑い、にやにや笑い

smirk /スマーク/
自 にやにや笑う、作り笑いをする

guffaw /ガフォー/
自 ばか笑いをする

©chie_hidaka

□ sneer

- **sneer at ...**　…をあざ笑う
  - → **My boss sneered at my report.**　上司は私の報告をせせら笑った
- **sneer** *sb* **into [to] silence**　人をあざけって黙らせる
- **sneer** *sb's* **reputation away**　人の評判を一笑に付す
- **with (a) sneer**　あざ笑って

派 **sneering**　形 あざ笑うような

- **in a sneering tone**　あざ笑うように

□ chuckle

- **chuckle to** *one***self**　一人でくすくす笑う
  - → *Tama* **got a lot of small fish and chuckled to himself.**
    タマは小魚をたくさんゲットして悦に入っていた
- **a hearty chuckle**　心底うれしそうなくすくす笑い
- **give a chuckle**　くすくす笑う

□ giggle

- **giggle at [over]** *sb*　人のことをくすくす笑う
- **burst into giggles**　くすくす笑い出す

□ grin 〔変化形〕grin − grinned − grinned

- **grin at** *sb*　人ににっこり笑う
- **with a grin**　にっこり笑って
  - → *Tama* **caught a mouse with a grin.**　タマは鼠(ねずみ)を捕まえてにんまりしていた

□ smirk

- **smirk at** *sb*　人のことをにやにや笑う

□ guffaw

- **guffaw at ...**　…のことをげたげた笑う

flow「流れる」の過去形と過去分詞は？

grow「成長する」が **grow − grew − grown** と不規則変化するところから、ついつい **flow − flew − flown** と変化させてしまいがちですが、これは **fly**「飛ぶ」の **fly − flew − flown** からくる混同だと思われます。**flow** は規則変化で **flow − flowed − flowed** と変化します。

→（混乱しそうな動詞の過去形・過去分詞　P.158）

美しい

beautiful
/ビュータファル/
形 美しい、きれいな

pretty /プリティ/
形 かわいい、美しい、きれいな

lovely /ラヴリ/
形 ((主に英))愛らしい、美しい

handsome
/ハンサム/
形 （特に男性が）きれいな顔立ちをした

©belchonock

□ beautiful

- beautiful flowers　美しい花
  - ➡ **Beautiful flowers are soon picked.**
    佳人薄命（美しい花はすぐに摘み取られる）
- beautiful music　美しい音楽
- a beautiful sunset　美しい日没
- 派 beautifully　副 美しく、見事に
- 派 beauty　名 美、美しさ
- 派 beautify　他 …を美化する

□ pretty

- a pretty girl　かわいい女の子
- a pretty voice　美しい声、美声
  - ➡ *Mike* **has a pretty voice like an angel.**
    ミケは天使のような美しい声をしている
- be (as) pretty as a picture　絵のようにとても美しい
- be not a pretty sight　見られたものではない
- 派 prettiness　名 かわいさ、美しさ、きれいさ
- ☛ pretty　副 かなり、非常に
  - pretty well　かなりうまく

□ lovely

- a lovely woman　美人
- I have never seen a lovely cat like *Mike*.
  ミケほど美しい猫を私は見たことがない
- 派 loveliness　名 愛らしさ、美しさ

□ handsome

- a handsome gentleman　きりっとした紳士
- 派 handsomeness　名 きれいな顔立ち
- ☛ a handsome room　整った部屋
- ☛ a handsome income /インカム/　かなりの収入
- ☛ a handsome treatment /トリートマント/　厚いもてなし

優しい

gentle /ヂェントル/

形 穏やかな、優しい、おとなしい

mild /マイルド/

形 穏やかな、優しい、おとなしい

soft /ソフト/

形 穏やかな、優しい

tender /テンダ/

形 優しい、親切な

□ gentle

- a gentle heart　優しい心
- a gentle nature　温和な性格
- a gentle smile　優しいほほえみ
- a gentle voice　穏やかな声
- a gentle woman　優しい女性
- be (as) gentle as a lamb　大変おとなしい　※ lamb /ラム/ 子羊
- be gentle with children　子どもたちに優しい
- 派 gently　副 優しく、そっと
- 派 gentleness　名 穏やかさ、優しさ

□ mild

- be (as) mild as a lamb　大変おとなしい　※ lamb /ラム/ 子羊
- have a mild disposition　気立てが優しい
  ※ disposition /ディスパズィシャン/ 気質
  - ➡ The old cat has a very mild disposition.
    その年老いた猫はとても気立てが優しい
- 派 mildly　副 優しく、穏やかに
- 派 mildness　名 優しさ、穏やかさ

□ soft

- a soft heart　優しい心
- a soft voice　穏やかな声
- 派 softly　副 優しく、穏やかに
- 派 softness　名 優しさ、穏やかさ

□ tender

- a tender lover　優しい恋人
- 派 tenderly　副 優しく、愛情を込めて
- 派 tenderness　名 優しさ
- ☛ tender　形 柔らかい；か弱い
  - have a tender stomach　胃が弱い
- ☛ tenderloin　名 テンダーロイン　※ loin /ロイン/ 腰肉

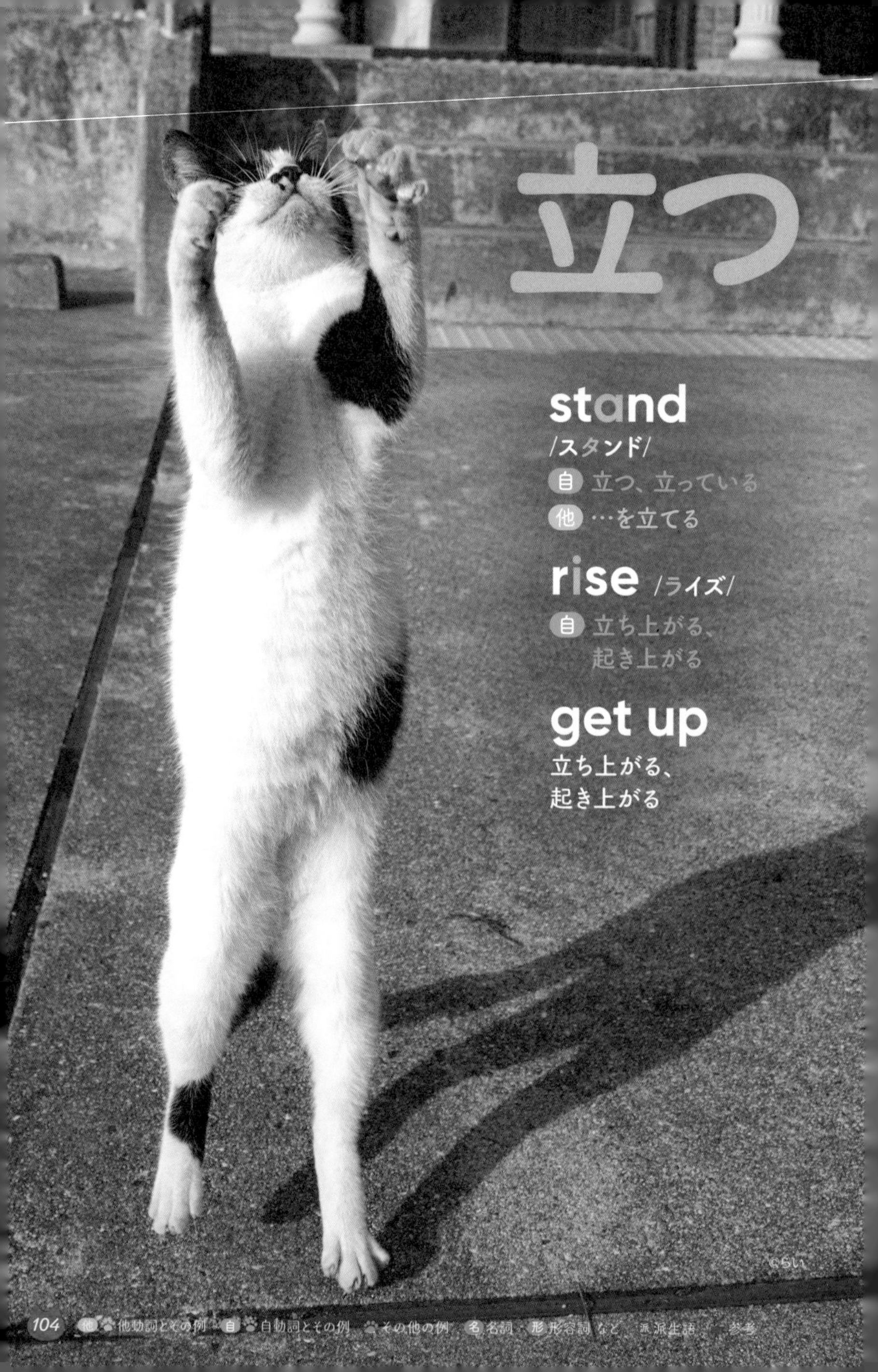

立つ

stand
/スタンド/

自 立つ、立っている

他 …を立てる

rise /ライズ/

自 立ち上がる、起き上がる

get up

立ち上がる、起き上がる

□ stand 〔変化形〕stand – stood – stood

- stand firm　しっかり立っている；（攻撃などを）ものともしない
- stand still　じっと立っている
- stand straight　まっすぐに立っている
- stand up　立ち上がる
  - → Stand up, everyone!　皆さん、立ち上がってください
- stand books on the shelf　本を棚に立てる
- a standing ovation /オウヴェイシャン/　スタンディングオベーション

□ rise 〔変化形〕rise – rose – risen

- rise from *one's* chair　椅子から立ち上がる
- rise to *one's* feet　立ち上がる
- a rising star　売り出し中の新人

□ get up 〔変化形〕get – got – got/gotten

- get up early in the morning　朝早く起きる
- get up late in the morning　朝寝坊する
- get up from the table　テーブルから立ち上がる

〔その他〕

get on [upon] *one's* legs　立ち上がる

get to *one's* feet　立ち上がる

jump to *one's* feet　さっと立ち上がる

spring to *one's* feet　さっと立ち上がる
〔変化形〕spring – sprang/sprung – sprung

stagger to *one's* feet　よろよろと立ち上がる

struggle to *one's* feet　やっとの思いで立ち上がる

フィンランドに関係する言葉

「フィンランド」は **Finland** とつづります。では、その形容詞はどうなるでしょうか？ **Finnish** となります。さらに「フィンランド人」は **Finn** です。よく見てみると、国名は **n** が一つなのに、形容詞と国民名は **nn** と重なっています。なかなか難しいですね。

→（「国名」と「…国の」と「…国人」 P.170）

©qoqo

けんか

fight /ファイト/
名 けんか、戦い、戦闘
他 …を戦う
自 戦う、口論する

quarrel /クウォーラル/
名 口げんか、口論
自 口げんかをする、口論する

argue /アーギュー/
他 …を議論する
自 議論する

dispute /ディスピュート/
名 論争、討論
他 …を議論する、…に反対する
自 議論する、言い争う

□ fight 〔変化形〕fight – fought – fought

- **have a fight**　けんかする、一戦交える
- **fight a battle**　戦いをする
- **fight about [over] ...**　…のことで口論する
  - ➡ **Don't fight about trifles.**　つまらないことで言い争うんじゃない
- **fight for freedom**　自由のために戦う
- **fight with an enemy**　敵と戦う
- **fight back**　反撃する
- 派 **fighter**　名 戦士、闘士、ボクサー

□ quarrel

- **have a quarrel with** *sb*　人と口げんかする、口論する
- **pick a quarrel with** *sb*　人にけんかを売る
- **seek a quarrel with** *sb*　人にけんかを売る
- **quarrel with** *sb*　人と口げんかする、口論する
- 派 **quarrelsome**　形 けんか早い

□ argue

- **argue politics**　政治を論じる
- **argue that ...**　…であると主張する
- **argue with** *sb* **about [over] ...**　人と…について議論する〔言い争う〕
- 派 **argument**　名 論争、争議
  - **have an argument over ...**　…で言い争いをする
    - ➡ **Stupid cats often have an argument over trifles.**
      ばかな猫たちはつまらないことでよく言い争う

□ dispute

- **beyond dispute**　議論の余地なく
- **in dispute**　論争中で
- **dispute that ...**　…ということに反論する
- **dispute with** *sb* **about [over] ...**　人と…について議論する〔言い争う〕
  - ➡ **A cat disputed with a dog about which is wiser.**
    猫が犬とどちらが賢いか言い争った

跳ぶ ①

jump /ヂャンプ/

自 跳ぶ、跳ねる

他 …を飛び越える

名 跳ぶこと、跳躍、ジャンプ

leap /リープ/

自 跳ぶ、跳びはねる

名 跳ぶこと、跳躍

spring /スプリング/

自 跳ねる、跳び上がる

©SA555ND

□ jump

- jump about　跳ね回る
- jump for joy　うれしくて跳び回る
- jump out of bed　ベッドから飛び起きる
- jump over a fence　塀を飛び越える
- jump up in surprise　驚いて跳び上がる
- jump a fence　塀を飛び越える
- jump a hurdle　ハードルを飛び越える
- jump rope　縄跳び
- the high jump　走り高跳び
- 派 **jumper**　名 跳躍選手
- ☛「棒高跳び」は **the pole vault**

□ leap

- leap high [up]　跳び上がる
- leap over a brook　小川を飛び越える
- Look before you leap.　転ばぬ先の杖（つえ）
- with a leap　一跳びで
- ☛ a leap year　閏年（うるうどし）

□ spring 〔変化形〕spring – sprang/sprung – sprung

- spring into a pool　プールに飛び込む
- spring out of bed　ベッドから飛び起きる
- spring to *one's* feet　さっと立ち上がる
  - ➡ **As soon as the bell rang, many cats sprang to their feet.**
    ベルが鳴るとすぐに多くの猫がさっと立ち上がった
- ☛ **springboard**　名 跳躍台　※ **board** /ボード/ 板、台

間接目的語と直接目的語を入れ替えると？

例えば「私は彼に質問します」は **I ask him a question.** ですが、間接目的語の **him** と直接目的語の **a question** の順番を入れ替えた場合には、前置詞が必要となります。この例の場合は **I ask a question of him.** と **of** を使います。英語ではほかにも前置詞の **to** や **for** を使う例が少なくありません。➔（目的語の順で表現が変わる　P.166）

跳ぶ②

bound /バウンド/
自 跳ねる、跳び上がる
名 跳躍

bounce /バウンス/
自 はずむ、バウンドする
他 …をはずませる、バウンドさせる
名 はずみ、バウンド

skip /スキプ/
自 軽く跳ぶ、スキップする
他 …を軽く飛び越える
名 軽く跳ぶこと、スキップ

hop /ハプ/
自 ピョンと跳ぶ、跳ねる
他 …を飛び越える
名 ピョンと跳ぶこと

□ bound

- **bound out of bed** ベッドから飛び起きる
- **bound to** *one's* **feet** さっと立ち上がる
- **at a bound** 一跳びで
- **with [in] one bound** 一躍、一跳びで

□ bounce

- **bounce on the bed** ベッドで跳びはねる
  - → *Mike* **likes bouncing on the bed of her owner.**
    ミケは飼い主のベッドで跳びはねるのが好きだ
- **bounce up and down** 跳びはねる
- **bounce up high** 高くはずむ
- **bounce a ball** ボールをはずませる
- **in one bounce** 一跳びで

□ skip 〔変化形〕skip – skipped – skipped

- **skip along a path** 小道をスキップしながら歩く
- **skip over a railing** 手すりを飛び越える
- **skip the fence** 柵(さく)を飛び越える
- **skip (a) rope** 縄跳びをする
- **walk with a skip** スキップしながら歩く

□ hop 〔変化形〕hop – hopped – hopped

- **hop into a car** 車に飛び乗る
- **hop on one foot** 片足で跳ぶ
- **hop over a ditch** 溝を飛び越える
- **hop a ditch** 溝を飛び越える
- **with a hop** ピョンと跳んで
- **hop, step [skip], and jump** 三段跳び

「象が鳴く」を英語で言うと？

例えば「犬が鳴く」は **a dog barks** と表現します。では、象にはどのような動詞を使うのでしょうか？　**an elephant trumpets** と、**trumpet**「トランペットを吹く」が使われるのです。あの鼻の形から何となく想像できますね。 →（動物や鳥などの「鳴く」を英語で言えますか？　P.179）

賢い①

wise /ワイズ/

形 賢い、賢明な、利口な

intelligent

/インテリヂャント/

形 聡明な、知性的な、
理知的な

bright /ブライト/

形 頭の良い、利口な

brilliant /ブリリャント/

形 優秀な、知的な、卓越した

©Svetlana Rey

□ wise

- **wise advice** 賢明な助言
- **a wise person** 賢人
- **a wise saying** 格言、金言
- **a wise way** 賢い方法
- **three wise monkeys** 三猿（見ざる、言わざる、聞かざる）
- **be wise like an owl** とても賢い ※owl 梟（ふくろう）
- **it is wise of** *sb* **to** *do* 人が…するのは賢明である
  - ➡ **It is not wise of you to miss school.** 学校を休むのは良くない

派 **wisdom** 名 賢明さ、知恵、分別

- **a wisdom tooth** （歯の）親知らず

☛ **the wise** 賢者

□ intelligent

- **an intelligent answer** 気の利（き）いた返答
- **an intelligent student** 聡明な学生

派 **intelligence** 名 知性、知能；諜報（ちょうほう）

☛ **AI (artificial intelligence)** 名 人工知能

□ bright

- **a bright idea** 気の利いた考え
- **a bright student** 利発な学生
- **be bright and friendly** 頭が良くて親切である
  - ➡ *Tama* **thinks himself to be bright and friendly.**
    タマは自分が聡明で親切だと思い込んでいる

派 **brightness** 名 利口さ、聡明さ

☛ **bright** 形 光り輝く、明るい

□ brilliant

- **a brilliant performance** きわだった演奏
- **a brilliant scholar** 優秀な学者

派 **brilliance** 名 卓越

☛ **brilliant** 形 さんぜんと輝く、きらめく

sharp /シャープ/

形 頭が切れる、鋭敏な；抜け目のない

smart /スマート/

形 ((主に米))賢い、利口な；如才ない、抜け目のない

clever /クレヴァ/

形 ((主に英))頭の良い、利口な；ずる賢い

sage /セイヂ/

形 賢い、賢明な、賢明そうな

shrewd /シュルード/

形 如才ない、抜け目のない、鋭敏な

cunning /カニング/

形 ずる賢い、悪賢い、狡猾(こうかつ)な

sly /スライ/

形 ずるい、悪賢い

□ sharp

- a sharp politician　抜け目のない政治家
- be (as) sharp as a needle　とても頭が切れる　※ needle 針
- be (as) sharp as a razor　非常に頭が切れる　※ razor 剃刀(かみそり)
- 派 sharpness　名 鋭敏さ
- ☛ 9 sharp　9時ちょうど

□ smart

- a smart choice　賢明な選択
  - ➡ It's a smart choice to keep cats as lifelong friends.
    猫を生涯の友として飼うのは賢明な選択である
- a smart pupil　頭の良い生徒
- 派 smartness　名 抜け目なさ
- ☛ smart　副 厳しく、素早く　自 (傷などが) 痛む
  - My eyes smart from the gas.　ガスが染みて目が痛む

□ clever

- a clever pupil　頭の良い生徒
- 派 cleverness　名 利口さ

□ sage

- a sage judge　賢明な裁判官
- be (as) sage as an owl　とても賢い　※ owl 梟(ふくろう)

□ shrewd

- shrewd advice　的確な助言
- a shrewd investor　抜け目のない投資家
- be shrewd about money　金に抜け目がない

□ cunning

- be (as) cunning as a fox　非常にずる賢い
- ☛「カンニング」は cheating /チーティング/ と言う

□ sly

- be (as) sly as a fox　非常にずる賢い

©office-pao

see /スィー/

他（人）に会う、面会する

meet /ミート/

他（人）に会う、出会う

自 会う、出会う

see 〔変化形〕see – saw – seen

- **see a doctor** 医者に診てもらう
- **see him tomorrow** あした彼に会う
- **see much of** *sb* 人に頻繁(ひんぱん)に会う
  - ➡ **Every time I go out, I see much of** *Nora*.
    外出するたびに私はよくノラを見かける
- **see something of** *sb* 人にたまに会う
- **I'm glad to see you.** あなたに会えてうれしいです
- **Nice to see you (again).** (また)会えてうれしいです(2回目以降に会ったときに用いる)
- **I haven't seen you for a long time.** お久し振りですね
- **See you (again)!** じゃあね
- **See you later!** またね
- **See you soon!** またね

meet 〔変化形〕meet – met – met

- **meet** *sb* **by chance** 人に偶然出会う
- **meet her tomorrow** あした彼女に会う
- **Nice to meet you.** あなたに会えてうれしいです(最初に会ったときに用いる)
- **Nice meeting you.** あなたに会えてうれしかったです(別れるときに用いる)
- **meet with** *sb* 人に会う
- **Let's meet at the station.** 駅で会いましょう
- **To meet is to part.** 会うは別れの始め

派 **meeting** 名 会、会合

- **attend a meeting** 会に出席する
- **open a meeting** 開会する
- **close a meeting** 閉会する

☛ **an athletic meet** 《米》運動会 ※ **athletic** /アスレティク/

「1枚のパンにバターを塗る」を英語で言うと?

butter を名詞として使って **spread butter on a slice of bread** と言うことができます。ところが、**spread** という単語を知らなくても **butter** を他動詞化して「バターを塗る」とし、**butter a slice of bread** と表現することもできます。このような例は身近に多くあります。
➔(名詞や形容詞としてよく知られているが、動詞としても使われるもの P.172)

©cynoclub

encounter /インカウンタ/

他 …に偶然出会う、出くわす
自 偶然出会う、出くわす
名 偶然の出会い

come across ...

…にばったり出くわす

run across [into] *sb*

人にばったり出会う

get together with *sb*

（待ち合わせて）人と会う、寄り合う

☐ encounter

- **encounter a crisis**　危機に遭遇する
- **encounter an old friend**　旧友にばったり出会う
  - ➡ **When I returned to my homeland, I encountered many old friends.**
    私は帰郷して多くの旧友にばったり出会った
- **encounter an unexpected problem**　予期しない問題に直面する
- **encounter with an enemy**　敵に遭遇する
- **a chance encounter**　偶然の出会い
- **I had a close encounter with a big bear.**　私は大きな熊に出くわした
- ☛ ***Close Encounters of the Third Kind***　『未知との遭遇』(映画)

☐ come across ...〔変化形〕come – came – come

- **I came across a traffic accident on the street.**
  私は通りで交通事故に出くわした

☐ run across [into] *sb*〔変化形〕run – ran – run

- **I ran across my ex-girlfriend at the station.**
  私は駅で元カノにばったり出会った

☐ get together with *sb*〔変化形〕get – got – got/gotten

- **At a meeting in the morning,** *Tama* **got together with his fellow cats.**
  朝の集会でタマは仲間の猫たちに会った

〔その他〕

bump into *sb*　人にばったり出くわす

chance on [upon] *sb*　人にばったり出くわす

come on [upon] *sb*　人にばったり出くわす

keep the books の意味は？

「本」は **book** で、「本をたくさん持っている」は**have many books** となります。それでは **keep the books** は「その本を持ち続けている」と訳してもいいものでしょうか？　どの英和辞典にも、よく読んでみますと、**book**の項に「[～s] 帳簿」と意味が出ています。つまり、**books** には「本の複数形」だけではなく、「帳簿」の意味もあり、**keep the books** で「帳簿を付ける」という意味になることが分かります。
このような例は意外と多く、本書ではそのようなものを数多く挙げています。

➜ (**～s, ～es** になると特殊な意味を持つことがある名詞　P.188)

寝る

©Valerii Honcharuk

sleep /スリープ/
名 眠り、睡眠
自 眠る、寝る

lie /ライ/
自 横たわる、寝る

doze /ドウズ/
名 居眠り、うたた寝
自 居眠りをする、うたた寝をする

nap /ナプ/
名 うたた寝、昼寝
自 うたた寝をする、昼寝をする

slumber /スランバ/
名 (軽い)眠り、まどろみ
自 すやすや眠る、まどろむ

asleep /アスリープ/
形 眠って

go to bed
寝る

□ sleep 〔変化形〕sleep – slept – slept

- **go to sleep** 寝つく
- **a lack of sleep** 睡眠不足
  - ➡ **I have been suffering from a lack of sleep because my cats meow at night.** 飼い猫が夜中に鳴くものだから私は睡眠不足です
- **sleep like a log** 熟睡する ※ **log** 丸太
- **sleep badly** よく眠れない
- **sleep soundly** ぐっすり眠る
- **sleep well** ぐっすり眠る
- **sleep late** 朝寝坊する
- 派 **sleepy** 形 眠い
- 派 **sleepless** 形 眠れない

□ lie 〔変化形〕lie – lay – lain

- **lie on** *one's* **back** あお向けになる
- **lie on** *one's* **stomach** うつぶせになる
- **lie on** *one's* **side** 横向きに寝る
- ☛ **lie** 名 嘘(うそ) 自 嘘をつく 〔変化形〕**lie – lied – lied**

□ doze

- **have a doze** 居眠りをする
  - ➡ *Mike* **often has a doze in the sun.** ミケは日向ぼっこしてよく居眠りする
- **doze off** 居眠りをする、うたた寝をする

□ nap 〔変化形〕nap – napped – napped

- **take [have] a nap** うたた寝をする
- **be caught napping** 不意を突かれる

□ slumber

- **fall into a slumber** 寝入る
- **slumber soundly** ぐっすり眠る

□ asleep

- **fall asleep** 眠りにつく

□ go to bed 〔変化形〕go – went – gone

- **go to bed early** 早寝する

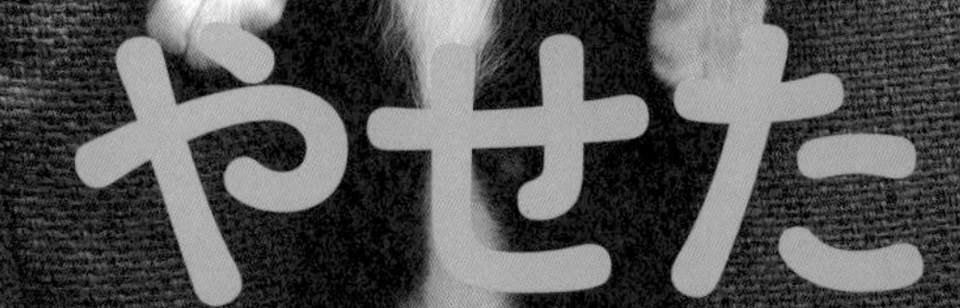

やせた

thin /スィン/
形 やせた、細い

lean /リーン/
形 やせた、細い、ほっそりした

slender /スレンダ/
形 ほっそりした、すらりとした

slim /スリム/
形 ほっそりした、スリムな

skinny /スキニ/
形 骨と皮ばかりの、やせこけた

slight /スライト/
形 ほっそりした

bony /ボウニ/
形 骨張った

emaciated /イメイシエイティド/
形 やせ細った

□ thin 〔比較変化〕thin – thinner – thinnest

- thin fingers　細い指
- a thin rope　細いロープ
- be thin in the face　顔がやつれている
- look thin　やつれて見える

□ lean

- a lean cat　やせ気味の猫
- stay lean　ぜい肉が付かないようにする
- get lean　やせる

□ slender

- a slender face　細い顔、細面（ほそおもて）
- slender fingers　ほっそりした指
- a slender girl　細身の女の子

□ slim 〔比較変化〕slim – slimmer – slimmest

- a slim appearance　ほっそりした姿
- a slim build　スリムな体形
- slim fingers　ほっそりした指

□ skinny

- a skinny build　激やせの体形
- skinny fingers　骨張った指
- a skinny leg　やせ細った脚

□ slight

- a slight figure　ほっそりした体形
  - ➡ **It's very difficult for *Mike* to keep her slight figure.**
    ミケにとって細い体形を維持するのはとても大変だ

□ bony

- a bony body　やせこけた体

□ emaciated

- an emaciated face　やせこけた顔

太った

fat /ファット/
形 太った、肉づきの良い

stout /スタウト/
形 太り気味の

heavy /ヘヴィ/
形 太った、がっしりした

plump /プラムプ/
形 肉づきの良い、ぽっちゃりした

overweight /オウヴァウェイト/
形 太り過ぎの、肥満の

corpulent /コーピュラント/
形 肥満の、ぶくぶく太った

obese /オウビース/
形 肥満の

portly /ポートリ/
形 太った、肥満の、でっぷりした

©ココア&サクラ

□ fat 〔比較変化〕fat – fatter – fattest

- a fat baby　丸々した赤ん坊
  - ➡ *Tama* **is sleeping by a fat baby.**
    タマは丸々太った赤ん坊に添い寝している
- a fat man　太った男
- get fat　太る
- Laugh and grow fat.　笑う門(かど)には福来(きた)る
- fat　形 脂肪の多い

□ stout

- stout arms　たくましい腕
- a stout man　ずんぐりした男

□ heavy

- a heavy build　がっしりした体格
- heavy features　肉づきの良い顔立ち

□ plump

- plump cheeks　ふっくらした頬
- a plump face　丸顔
  - ➡ **I like cats with plump faces.**　私は丸顔の猫が好みだ

□ overweight

- be overweight and unhealthy　太り過ぎで不健康である
- an overweight child　肥満児

□ corpulent

- a corpulent body　肥満体

□ obese

- an obese child　肥満児
- 派 obesity　名 肥満

□ portly

- a portly belly　太鼓腹

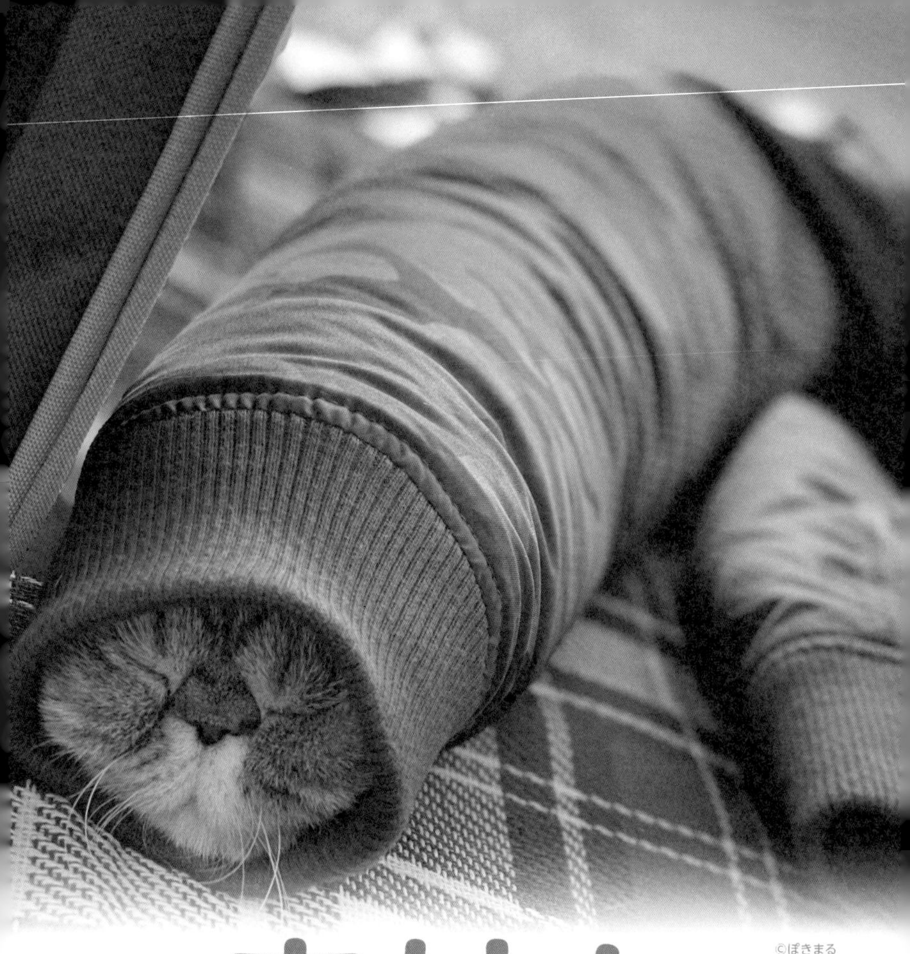

©ぽきまる

奇妙な

strange /ストレインヂ/

形 変な、奇妙な、ふしぎな

peculiar /ピキューリャ/

形 奇妙な、特異な、一風変わった

funny /ファニ/

形 奇妙な、変な

bizarre /ビザー/

形 奇妙な、突飛な

□ strange

- a strange affair　奇妙な事件
- a strange behavior　奇妙な行動、奇行
- strange feeling　変な感覚
- strange happenings　怪奇事件
- it is strange that ...　…というのは奇妙である
- it is strange to *do*　…するとは奇妙である
- Strange to say ...　奇妙な話だが…
- Truth [Fact] is stranger than fiction.　事実は小説よりも奇なり

派 strangely　副 奇妙に、奇妙なことに

☛ stranger　名 見知らぬ人

□ funny

- funny feeling　変な感覚
- a funny guy　変わった奴
- a funny incident　おかしな出来事

□ peculiar

- a peculiar behavior　奇妙な行動、奇行
- peculiar feeling　奇妙な感覚
- a peculiar flavor　特有の風味
- it is peculiar that ...　…というのは奇妙である
  - → It is peculiar that black cats are believed to be ominous.
    黒猫が不吉だと信じられているのは奇妙だ

派 peculiarly　副 特に、格別に、奇妙に

派 peculiarity　名 奇妙さ、異様さ、奇抜

□ bizarre

- a bizarre behavior　奇妙な行動、奇行
- bizarre clothes　変わった服装
- bizarre murder　猟奇殺人
- bizarre rumor　奇妙な噂(うわさ)

風変わりな

odd /アド/
形 変な、奇妙な、風変わりな

queer /クウィア/
形 風変わりな、妙な

quaint /クウェイント/
形 風変わりな

eccentric
/イクセントリク/
形 風変わりな、常軌を逸した

singular
/スィンギャラ/
形 風変わりな、
奇妙な、特異な

weird /ウィアド/
形 風変わりな、異様な

whimsical
/ウィムズィクル/
形 風変わりな、
奇妙な、異様な

□ odd

- odd habits　風変わりな習慣
  - ➡ **Cats also have odd habits among them.**
    猫にだって仲間内で変わった習慣がある
- an odd noise　奇妙な物音
- an odd person　奇人、変人
- 派 oddly　副 奇妙に、奇妙なことに

□ queer

- a queer affair　奇妙な出来事
- a queer person　奇人、変人
- a queer question　変な質問

□ quaint

- quaint custom　風変わりな習慣
- a quaint episode　変わったエピソード
- a quaint monument　風変わりな記念碑

□ eccentric

- an eccentric conduct　突飛な行動
- an eccentric person　奇人、変人
- 派 eccentricity　名 奇行、奇抜さ

□ singular

- a singular behavior　特異な行動
- a singular event　特異な出来事
- ☛ singular　形 単数の　※反対語は **plural** /プルアラル/「複数の」

□ weird

- a weird disease　奇病
- weird habits　変な癖
- a weird person　奇人、変人

□ whimsical

- a whimsical description　奇妙な記述
- a whimsical incident　奇妙な出来事

©maron

教える①

teach /ティーチ/

他 …を教える

自 教える、教師をする

educate /エヂャケイト/

他 （人）を教育する

□ teach 〔変化形〕teach – taught – taught

- **teach music**　音楽を教える
- **teach** *sb* **...**　人に…を教える
  - ➡ **Can a teacher teach his pupils all subjects?**
    一人の先生が生徒たちに全教科を教えられるものだろうか
- **teach** *sb* **(how) to** *do*　人に…の仕方を教える
  - ➡ **teach** *one's* **son (how) to play the violin**　息子にバイオリンを教える
  - ➡ **Mother cats teach their kittens how to catch mice.**
    母猫は子猫に鼠（ねずみ）の捕まえ方を教える
- **teach about ...**　…について教える
- **teach at Tokyo University**　東大で教える

派 **teacher**　名 先生

派 **teaching**　名 教えること

□ educate

- **educate a child**　子どもに教育を受けさせる
- **educate** *oneself*　独学する
- **educate** *sb* **to** *do*　人を…するように指導する
  - ➡ **The owner educated** *Mike* **to tend his store.**
    飼い主はミケに店の番をするよう教えた

派 **educated**　形 教養のある

- **the educated**　教育のある人たち

派 **education**　名 教育

- **compulsory education**　義務教育
- **a university education**　大学教育

派 **educational**　形 教育（上）の

- **an educational system**　教育制度

peacock の雌は？

peacock は「孔雀（くじゃく）」のことですが、特に「雄の孔雀」を指していることは意外と知られていないのではないでしょうか。では、「雌の孔雀」は何と言うのでしょう？「雄鶏（おんどり）」が **cock**、「雌鶏（めんどり）」が **hen** を指しますから、「雌の孔雀」は **peahen** となります。

➜（意外と難しい男性形と女性形　P.171）

instruct
/インストラクト/
他（人）に教える

show /ショウ/
他 …を教える、説明する

tutor /トゥータ/
他（人）に家庭教師として教える
名 家庭教師

direct
/ダレクト//ダイレクト/
他（人）に道を教える

give lessons
教える

教える②

©Svetlana Rey

□ instruct

- **instruct** *sb* **in ...**　人に…を教える
  - ➡ **Even a new teacher must instruct students in English.**
    たとえ新任でも先生は学生に英語を教えなければならない
- 派 **instruction**　名 指導、教育
  - **give instruction in ...**　…を教える
  - **receive instruction in ...**　…を教わる
    - ➡ **I received instruction in a carefree way of life from my pet cats.**
      私は飼い猫たちから自由気ままな生活を教わった
- 派 **instructive**　形 教育的な、教育上ためになる
  - **an instructive saying**　教訓的なことわざ
- 派 **instructor**　名 指導者、教官

□ show〔変化形〕show – showed – shown/showed

- **show** *sb* **...**　人に…を教える
  - ➡ **Please show me the way to the cat café.**
    例の猫カフェに行く道を教えてください
- **show** *sb* **how to** *do*　人に…するやり方を教える

□ tutor

- **tutor** *sb* **in ...**　人に…の家庭教師をする
  - ➡ **A university student tutors a high-school student in English.**
    大学生が高校生に英語の家庭教師をする
- **work as a tutor**　家庭教師として働く
- 派 **tutorial**　形 家庭教師の、個別指導の

□ direct

- **direct** *sb* **to ...**　人に…への道を教える
  - ➡ **I directed a foreigner to the city hall.**
    私は外国人に市役所に行く道を教えてあげた
- ☛ **direct**　形 直接の

□ give lessons〔変化形〕give – gave – given

- **give** *sb* **lessons in ...**　人に…を教える

おもしろい

©らい

interesting
/インタラスティング/
形 おもしろい、興味深い

diverting
/ディヴァーティング/
形 楽しい、おもしろい、気晴らしになる

amusing
/アミューズィング/
形 おもしろい、おかしい

entertaining
/エンタテイニング/
形 楽しませてくれる、おもしろい

□ interesting

- **an interesting story** 興味深い話
  - ➡ **I'll tell you an interesting story.** おもしろい話をして聞かせよう
- **be interesting to** *sb* 人にとっておもしろい
- **That's interesting!** それはおもしろい
- 派 **interested** 形 興味のある、関心のある
  - **be interested in ...** …に興味がある
- 派 **interest** 名 興味、関心
  - **have an [no] interest in ...** …に興味がある[ない]
- ☛ **interest** 名 利子

□ amusing

- **an amusing conversation** 楽しい会話
  - ➡ **Many cats had an amusing conversation.**
    猫がたくさん集まって楽しい会話をした
- **an amusing joke** おかしい冗談
- 派 **amuse** 他（人）をおもしろがらせる、楽しませる
- 派 **amused** 形 おもしろがっている、楽しんでいる
- 派 **amusement** 名 楽しみ、おもしろさ、気晴らし、娯楽

□ diverting

- **a diverting incident** 愉快な出来事
- 派 **divert** 他（人）を楽しませる
- 派 **diversion** 名 気晴らし、娯楽

□ entertaining

- **entertaining expense** 接待費
- 派 **entertain** 他（人）を楽しませる
- 派 **entertainment** 名 楽しみ、気晴らし、娯楽
  - **find entertainment in** *do***ing** …して楽しむ
    - ➡ **I find entertainment in reading "*I Am a Cat*".**
      私は『吾輩（わがはい）は猫である』を読んでは楽しんでいる
- 派 **entertainer** 名 人を楽しませる人、芸能人

funny /ファニ/

形 おかしい、滑稽な

humorous

/ヒューマラス/

形 滑稽な、おかしい

comical

/カミカル/

形 おかしい、滑稽な、笑いを誘う

enjoyable

/インジョイアブル/

形 楽しい、楽しめる、愉快な

©matu

滑稽な

□ funny

- a funny story　滑稽な話
- It's not funny.　笑い事ではない
- Don't be funny.　もっとまじめにやりなさい
- 派 fun　名 楽しみ、おもしろみ
  - for fun　おもしろ半分に、冗談に
  - have a lot of fun　大いに楽しむ
    - ➡ *Mike* had a lot of fun at the Cat Party.
      ミケは「猫の会」で大いに楽しんだ
  - make fun of *sb*　人をからかう
  - Have fun!　楽しんできなさい

□ humorous

- a humorous story　ユーモアのある話
- 派 humorously　副 滑稽に
- 派 humor　名 滑稽さ、ユーモア
  - cheap humor　駄じゃれ
- ☛ ...-humored　形 …な機嫌の
  - good-humored　上機嫌の

□ comical

- a comical face　ひょうきんな顔
- ☛ comic　形 喜劇の

□ enjoyable

- an enjoyable novel　おもしろい小説
- 派 enjoy　他 …を楽しむ
- 派 enjoyably　副 楽しく、愉快に
- 派 enjoyment　名 楽しみ、喜び
  - find enjoyment in ...　…を楽しむ
    - ➡ I always find enjoyment in my work.　私はいつも働くのが楽しい
  - take enjoyment in ...　…を楽しむ
  - with enjoyment　楽しんで

強い

strong /ストローング/
形 強い；頑丈な

powerful /パウアファル/
形 強い、強力な、たくましい

tough /タフ/
形 丈夫な、頑丈な、タフな、たくましい

stout /スタウト/
形 丈夫な、頑丈な；太った

robust /ロウバスト/
形 強い、頑健な、頑丈な、がっしりした

sturdy /スターディ/
形 がっしりした、丈夫な、頑丈な

©Vera

strong

- a strong constitution　丈夫な体質
  ※constitution /カンスタトゥーシャン/ 体格、体質
  - ➡ **My pet cat has a strong constitution.**　私の飼い猫は病気一つしない
- a strong heart　強い心臓
- a strong will　強固な意志
- a strong wind　強風
- 派 strength　名 力、力強さ
  - with all *one's* strength　力いっぱい
- 派 strengthen　他 …を強くする

powerful

- a powerful arm [body]　たくましい腕［体］
- powerful leadership　強力な指導力
  - ➡ *Tama* **needs powerful leadership among his fellow cats.**
    タマには仲間内で強い指導力が必要だ

tough

- be (as) tough as nails　とても丈夫である；ものに動じない
- 派 toughness　名 丈夫さ、頑丈さ、たくましさ

stout

- a stout arm　たくましい腕
- a stout rope　丈夫なロープ
- a stout wall　頑丈な壁

robust

- a robust constitution　頑強な体
  ※constitution /カンスタトゥーシャン/ 体格、体質
- a robust container　頑丈な容器
- be in robust health　壮健である

sturdy

- sturdy construction　頑丈な構造
- a sturdy house　頑丈な家

weak /ウィーク/
形 弱い、劣っている

feeble /フィーブル/
形 弱い、かすかな、虚弱な

frail /フレイル/
形 弱い、虚弱な

fragile /フラヂャル/
形 壊れやすい；弱い、虚弱な

弱い

©HIME&HINA

□ weak

- a weak foundation　弱い土台
- a weak point　弱点
- a weak team　弱いチーム
- be physically weak　体が弱い
- have weak ears　聴力が弱い
- have weak eyes　視力が弱い
- have a weak heart　心臓が弱い
- have weak legs　脚が弱い

派 weakly　形 弱い、弱々しい　副 弱く、弱々しく

派 weaken　他 …を弱くする、弱める

- weakened eyesight　低下した視力

派 weakness　名 弱さ、虚弱、弱点、欠点；大好物

- have a weakness for ...　（食べ物など）に目がない
  - ➡ Almost all of the cats have a weakness for fish.
    猫の多くは魚に目がない

□ frail

- a frail child　ひ弱な子ども
- frail health　虚弱体質

派 frailty　名 弱さ、虚弱；もろさ

□ feeble

- feeble light　かすかな光
- feeble mind　弱い精神
- a feeble person　ひ弱な人
- a feeble voice　か細い声

□ fragile

- fragile health　虚弱体質
- a fragile vase　壊れやすい花瓶

派 fragility　名 壊れやすさ、虚弱

☛ Fragile　割れ物注意

調べる①

©TM Photo album

check /チェク/
他 …を調べる、調査する

examine /イグザミン/
他 …を調べる、調査する

investigate
/インヴェスティゲイト/
他 …を調べる、調査する
自 調べる、調査する

□ check

- check attendance　出欠を取る
- check a bill　請求書をチェックする
- check data　データを調べる
- check the details　詳細を調べる
- check the engine　エンジンを点検する
- check the spelling of a word　単語のつづりを調べる
- check a stock　在庫を調べる
- check the temperature　検温する

派 checker　名 調べる人

☛ check　名 小切手

□ examine

- examine baggage　手荷物を検査する
- examine a document　文書を調べる
- examine merchandise　品物を検査する
- examine a patient　患者を診る
- have *one's* teeth examined　歯を診察してもらう

派 examiner　名 調査員、試験官、審査官

□ investigate

- investigate the cause of ...　…の原因を調べる
- investigate into an affair　事件を調べる

派 investigation　名 調査

- be under investigation　調査中である

  ➡ The place *Nora* has gone is now under investigation.
  ノラの行方は今や調査中である

派 investigator　名 調査員

accessory の別の意味は？

accessory と言えばすぐに装身具の「アクセサリー」という訳語が思い浮かびますが、実は「共犯者」という意外な意味もあるのです。英語にはほかにも驚くような意味を持った身近な語がたくさんあります。➜（想像がつかないくらい意外な意味を持つ単語　P.176）

調べる②

research /リサーチ/

他 …を調査する、研究する

自 調査する、研究する

名 調査、研究

explore /イクスプロー/

他 …を調べる、調査する、探る

inspect /インスペクト/

他 …を調べる、点検する

survey /サヴェイ/

他 …を調査する、測量する

survey /サーヴェイ/

名 調査、測量

consult /カンサルト/

他 (辞書)を引く、調べる

look into ...

…を調べる

□ research

- research the effect of ...　…の影響を研究する
- research on [into] the effect of ...　…の影響を研究する
- a research activity　研究活動
- market research　市場調査
- do research on [into] ...　…を調査する、研究する
  - ➡ **I did research on wildcats on Iriomote Island.**
    私は西表島でヤマネコを調査した

派 researcher　名 調査員、研究者

□ explore

- explore every possibility　あらゆる可能性を調べる

派 explorer　名 調査者、探検家

□ inspect

- inspect the china for cracks　ひびが入っていないか陶器を調べる
- inspect software for defects　欠陥がないかソフトウエアを点検する
  - ➡ **Programmers have to inspect software for defects.**
    プログラマーは欠陥がないかソフトウエアを点検しなければならない

派 inspection　名 調査、点検

派 inspector　名 調査員、検査官

□ survey 他, survey 名

- survey the opinions of students　学生の意見を調査する
- conduct a survey　調査を行う

派 surveyor　名 測量士

□ consult

- consult a dictionary　辞書を引く
- consult a map　地図で調べる

□ look into ...

- look into the background of *sb*　人の経歴を調べる
  - ➡ **Even cats want to look into the background of their owners.**
    猫だって自分の飼い主の経歴を調べたいと思う

©koldunova

怒った①

angry /アングリ/

形 怒った、腹を立てた

annoyed /アノイド/

形 いらいらした、腹を立てた

irritated

/イリテイティド/

形 いらいらした、怒った、じれた

□ angry

- **be angry about [at, over] ...**　…のことで怒っている
  - ➡ **What are you angry about,** *Tama***?**　タマ、何でそんなに怒ってるの
- **be angry with** *sb*　人に腹を立てている
- **get angry with** *one***self**　自分自身に腹を立てる
- **make** *sb* **angry**　人を怒らせる
- 派 **anger**　名 怒り
  - **control** *one's* **anger**　怒りを抑える
- 派 **angrily**　副 怒って

□ annoyed

- **be annoyed at [about, by] ...**　…にいらいらしている
  - ➡ **What are you annoyed at?**　君は何にいらいらしているの
- **be annoyed at [with]** *sb*　人に腹を立てている
- 派 **annoy**　他 (人)をいらいらさせる
- 派 **annoyance**　名 いらだたしさ
- 派 **annoying**　形 いらいらさせる、迷惑な

□ irritated

- **be irritated at [about, by] ...**　…に怒っている
  - ➡ **He is irritated by her selfishness.**　彼は彼女のわがままに怒っている
- **be irritated with [against]** *sb*　人に怒っている
  - ➡ **My pet cat is irritated with a stray dog.**
    私の飼い猫が野良犬に怒っている
- 派 **irritate**　他 (人)をいらいらさせる
- 派 **irritating**　形 いらいらさせる
- 派 **irritant**　形 いらいらさせる

猫が登場する日本の慣用表現。英語で言うと？

猫舌である	**can't eat or drink very hot things**
猫の額(ひたい)ほどの土地	**tiny plot of land**　※ **plot** 小区画地
猫も杓子(しゃくし)も	**everybody (and his brother)**

©Haritonoff

怒った②

furious
/フュアリアス/
形 怒り狂った

indignant
/インディグナント/
形 憤慨した

enraged
/インレイヂド/
形 怒った

infuriated
/インフュアリエイティド/
形 激怒した

furious

- be furious at [about] ...　…にひどく立腹している
- be furious with *sb*　人にとても腹を立てている
- be furious that ...　…であることにとても腹を立てている
- be furious with rage　激怒している
- 派 furiously　副 怒り狂って
- furious　形 激しい、荒れ狂う

enraged

- be enraged at [by] ...　…に怒っている
- be enraged with *sb*　人に怒っている
- 派 enrage　他（人）を怒らせる

indignant

- be indignant at [about, over] ...　…に憤慨している
- be indignant with [against] *sb*　人に憤慨している
  - → **I waked up *Mike* and she is indignant with me.**
    ミケは起こされて私に憤慨している
- 派 indignantly　副 憤慨して
- 派 indignation　名 憤慨

infuriated

- be infuriated at [by] ...　…に激怒している
- be infuriated with *sb*　人に激怒している
- 派 infuriate　他（人）を激怒させる
- 派 infuriating　形 激怒させるような

「練習する」や「駐車場」の英語は米国と英国で異なるの？

米国《米》と英国《英》では、微妙につづりが異なる単語があります。例えば「練習する」は、《米》では **practice** ですが、《英》では **practise** となります。ところが「練習」という名詞になると、《米》でも《英》でも **practice** と同じつづりになるのです。実に紛らわしいですね。

→（米国と英国で少し異なるつづり　P.180）

《米》と《英》でまるで異なる表現もあります。例えば「駐車場」は、《米》では **parking lot** ですが、《英》では **car park** となります。"所変われば品変わる"で、このような例は少なくありません。

→（米国と英国でまるで異なる表現　P.182）

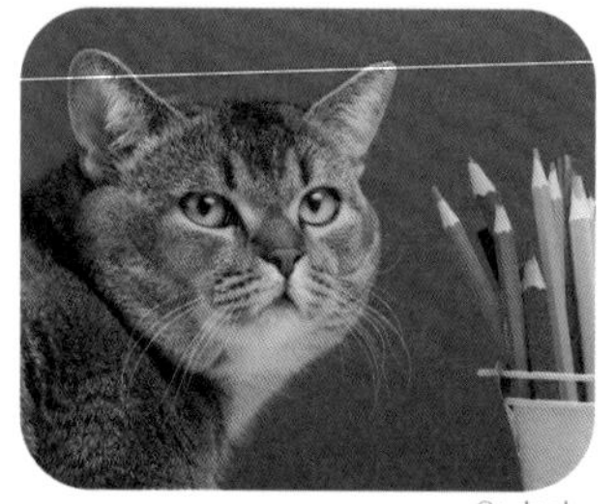
©ndanko

覚えて使いたい 猫に関する表現あれこれ

日本語と同様、英語にも猫に関する言葉や表現がたくさんあります。その一部を紹介します。また、猫が登場する日本の慣用句などを英語でどう言うかも示します。

猫そのものに関する表現

猫　**cat**

猫の　**feline**

雄猫　**male cat** / **he-cat** / **tom** / **tomcat**

雌猫　**female cat** / **she-cat** / **tabby**

子猫　**kitten**

愛猫　*one's* **pet cat** / *one's* **favorite cat**

野良猫　**stray cat** / **alley cat** / **feral cat**

猫に関するその他の表現

猫愛好家　**cat lover**

猫要（い）らず　**rat poison** / **ratsbane**

猫可愛がりする　**dote on** *sb*

猫じゃらし　**foxtail** / **cat teasers**

猫背である　**be stoop-shouldered** / **be round-shouldered** / **have a stoop**

猫なで声　**coaxing voice** / **ingratiating voice**

猫ばばする　**pocket the money**

猫が登場する日本の表現。英語で言うと？

借りてきた猫のようにおとなしい　**be a borrowed cat** / **be (as) meek [gentle] as a lamb**

猫の首に鈴を着ける　**bell the cat**

猫の子一匹いない　**not a soul is seen**

猫の手も借りたいほど忙しい　**be very busy and shorthanded**

猫の目のように変わる　**be (as) changeable as a weathercock**

猫を被（かぶ）る　**put on airs** / **hide** *one's* **claws**

第2部 応用編

英単語・熟語をテーマ別に
紹介しています。
数多くの種類を収録するため、
それぞれの意味はかなり絞って
掲載しています。
興味のあるテーマから
ご覧ください。

応用編の読み方は
8ページにあります。

©Lily

似ているけど違う①

つづりは同じでも発音や品詞・意味が異なる ★★☆☆☆

つづりが同じであっても意味がまったく異なる英単語があります。文章中でその意味を取り違えると通じなくなってしまいます。

bow /ボウ/ 弓 → **draw a bow** 弓を引く
bow /バウ/ お辞儀をする → **bow to** *one's* **boss** 上司に頭を下げる
close /クロウズ/ 閉める、閉じる → **close** *one's* **eyes** 目を閉じる
close /クロウス/ 接近した → **close-up** /クロウスアップ/ クローズアップ
desert /デザート/ 砂漠 → **the Sahara Desert** サハラ砂漠
desert /ディザート/ 見捨てる → **desert** *one's* **family** 家族を見捨てる
lead /リード/ 導く → **lead to victory** 勝利に導く
lead /レッド/ 鉛 → **leaden** 鉛の、鉛製の
live /リヴ/ 住んでいる、生活をする → **live abroad** 外国に住んでいる
live /ライヴ/ 生きている；実況の → **be broadcast live** 生中継される
minute /ミニツ/ 分 → **five minutes before twelve** 12時5分前
minute /マイニュート/ 微小な、綿密な → **minute health examination** 精密身体検査
shower /シャウア/ シャワー、にわか雨 → **take a shower** シャワーを浴びる
shower /ショウア/ 見せる人
tear /ティア/ 涙 → **with tears in** *one's* **eyes** 目に涙を浮かべて
tear /テア/ 引き裂く → **tear the paper in two** 紙を二つに裂く
used /ユーズド/ 中古の（**use**「使う」の過去形・過去分詞） → **a used car** 中古車
used /ユースト/ 慣れている → **be used to ...** …に慣れている
wind /ウィンド/ 風 → **the wind blows** 風が吹く
wind /ワインド/ 曲がる、巻き付ける → **wind a bandage on** *one's* **arm** 腕に包帯を巻く

似ているけど違う②

©liberty-liberty

つづりを使い分けられますか？ ★★☆☆☆

つづりが似ていて間違いやすい英単語がありますが、もちろん意味は異なります。気を付けたい単語を挙げてみます。

advice /アドヴァイス/ 忠告　**advise** /アドヴァイズ/ 忠告する
barely /ベアリ/ かろうじて　**barley** /バーリ/ 大麦
business /ビズナス/ ビジネス　**busyness** /ビズィナス/ 忙しさ
career /カリア/ 経歴　**carrier** /キャリア/ 運ぶ人
color /カラー/ 色　**collar** /カーラー/ 襟（えり）
cooperate /コウアーパレイト/ 協力する　**corporate** /コーパラト/ 会社組織の
daily /デイリ/ 毎日の　**dairy** /デアリ/ 酪農　**diary** /ダイアリ/ 日記
device /ディヴァイス/ 装置　**devise** /ディヴァイズ/（方法などを）考案する
disease /ディズィーズ/ 病気　**decease** /ディスィース/ 死亡
envelope /エンヴァロウプ/ 封筒　**envelop** /インヴェラプ/ 包む
floor /フロー/ 床　**flour** /フラウア/ 小麦粉
jealous /ヂェラス/ 嫉妬（しっと）深い　**zealous** /ゼラス/ 熱心な
lose /ルーズ/ 失う　**loose** /ルース/ 緩んだ
manifest /マナフェスト/ 明らかな　**manifesto** /マナフェストウ/ 声明
moral /モーラル/ 教訓　**morale** /マラル/ 士気
reality /リアラティ/ 現実　**realty** /リーアルティ/ 不動産
through /スルー/ …を通して　**thorough** /サラ/ 徹底的な
vague /ヴェイグ/ 漠然とした　**vogue** /ヴォウグ/ 流行
wonder /ワンダ/ 不思議に思う　**wander** /ワーンダ/ 歩き回る

似ているけど違う③

発音は同じでもつづりや意味が異なる ★★☆☆☆

日本語の「猿」と「去る」のように、英語にも発音が同じでも意味が異なる同音異義語があります。ここに身近な例を挙げてみます。

air /エア/ 空気　**heir** /エア/ 相続人
aunt /アント/ 叔母・伯母　**ant** /アント/ 蟻
boy /ボイ/ 少年　**buoy** /ボイ/ 浮標、ブイ
break /ブレイク/ 破る　**brake** /ブレイク/ ブレーキ
bury /ベリ/ 埋める　**berry** /ベリ/（苺の類の果実の）ベリー
calendar /カランダ/ カレンダー　**calender** /カランダ/ 光沢機
dear /ディア/ 親愛な　**deer** /ディア/ 鹿
dessert /ディザート/ デザート　**desert** /ディザート/ 見捨てる
die /ダイ/ 死ぬ　**dye** /ダイ/ 染める
fishing /フィシング/ 魚釣り　**phishing** /フィシング/ フィッシング（詐欺）
flower /フラウア/ 花　**flour** /フラウア/ 小麦粉
gorilla /ガリラ/ ゴリラ　**guerilla, guerrilla** /ガリラ/ ゲリラ
hair /ヘア/ 髪　**hare** /ヘア/ 野兎
here /ヒア/ ここに　**hear** /ヒア/ 聞こえる
hole /ホウル/ 穴　**whole** /ホウル/ 全体の
key /キー/ 鍵　**quay** /キー/ 埠頭
lesson /レッスン/ レッスン　**lessen** /レッスン/ 減らす
mail /メイル/ 郵便　**male** /メイル/ 男の
meddle /メドル/ 干渉する　**medal** /メドル/ メダル

meet /ミート/ 会う　**meat** /ミート/ 肉
morning /モーニング/ 朝　**mourning** /モーニング/ 悲しみ、哀悼、喪
pain /ペイン/ 痛み　**pane** /ペイン/ 窓ガラス
peace /ピース/ 平和　**piece** /ピース/ 断片
profit /プラフィト/ 利益　**prophet** /プラフィト/ 予言者
rain /レイン/ 雨　**rein** /レイン/ 手綱（たづな）　**reign** /レイン/ 支配する
see /スィー/ 見える、分かる　**sea** /スィー/ 海
sell /セル/ 売る　**cell** /セル/ 細胞
son /サン/ 息子　**sun** /サン/ 太陽
straight /ストレイト/ まっすぐな　**strait** /ストレイト/ 海峡
very /ヴェリ/ 大変に　**vary** /ヴェリ/ 異なる
wait /ウェイト/ 待つ　**weight** /ウェイト/ 重さ
weather /ウェザ/ 天候　**whether** /ウェザ/ …かどうか
week /ウィーク/ 週　**weak** /ウィーク/ 弱い
write /ライト/ 書く　**right** /ライト/ 正しい；権利　**rite** /ライト/ 儀式

間違って発音していませんか？　★★☆☆☆

英単語の中には私たちが間違って発音しているものが少なくありません。日常よく使われる例から、意味に続けて、そのつづりと正しい発音を示してみます。

ウイルス　**virus** /ヴァイラス/
ウール、羊毛　**wool** /ウル/
オランウータン　**orangutan** /アランガタン/
（熱帯魚の）グッピー　**guppy** /ガピ/
クローズアップ、大写し　**close-up** /クロウスアップ/　※**close** /クロウス/ 接近した
剣、刀　**sword** /ソード/
サーモン、鮭（さけ）　**salmon** /サマン/
サンタクロース　**Santa Claus** /サンタクローズ/
ステファン（男性の名）　**Stephen** /スティーヴン/
ビタミン　**vitamin** /ヴァイタミン/
ビニール　**vinyl** /ヴァイヌル/
フード、頭巾（ずきん）　**hood** /フド/
プロフィール、人物紹介　**profile** /プロウファイル/
（水などをまく）ホース　**hose** /ホウズ/
マーガリン　**margarine** /マーヂャラン/
マヨネーズ　**mayonnaise** /メイアネイズ/
モザイク　**mosaic** /モウゼイイク/
ラベル　**label** /レイブル/
ルーキー、新人　**rookie** /ルキ/

似ているけど違う④

©ねこすす

次の形容詞を訳し分けられますか？　★★☆☆☆

形容詞の中にはつづりが似ていて意味が異なるものがあります。ここに頻度が高くて間違いやすい例を挙げてみます。

awesome 畏敬の念を起こさせる、すごい　→ **an awesome dinner** 豪華ディナー
awful 恐ろしい、とんでもない、不愉快な　→ **awful manners** ひどい無作法
childish 子どもっぽい　→ **a childish manner** 子どもじみた態度
childlike 子どもらしい　→ **childlike innocence** 子どものような純真さ
confident 自信のある　→ **be confident in oneself** 自分に自信がある
confidential 機密の　→ **confidential documents** 機密文書
continual 断続的な　→ **continual interruptions** 頻繁な妨害
continuous 継続的な　→ **continuous sound** 途切れなく聞こえてくる音
economic 経済の　→ **an economic policy** 経済政策
economical 倹約的な　→ **an economical shopper** 買い物上手な人
historic 歴史上有名な　→ **a historic spot** 名所旧跡
historical 歴史的な、歴史に関する　→ **historical researches** 歴史研究
imaginable 想像できる　→ **an imaginable situation** 想定可能な事態
imaginary 架空の　→ **an imaginary enemy** 仮想敵国
imaginative 想像力に富んだ　→ **an imaginative writer** 想像力の豊かな作家
industrial 産業の、工業の　→ **industrial products** 工業製品
industrious 勤勉な　→ **an industrious student** 勤勉な学生
literal 文字どおりの　→ **literal belief** 文字どおりの信念
literary 文学の　→ **literary works** 文学作品
literate 読み書きできる、教養のある　→ **a literate population** 識字人口

respectable 立派な → **respectable professor** 立派な教授
respectful 敬意を表する → **be respectful toward** *sb* 人に敬意を表する
respective それぞれの → *one's* **respective home** 各自の家
sensible 分別のある、感じられる → **a sensible man** 分別のある男
sensitive 感受性の強い、敏感な → **sensitive skin** 敏感な肌
sociable 社交的な → **a sociable conversation** 社交的な会話
social 社会の → **social problems** 社会問題
successful 成功した → **be successful in life** 出世する
successive 連続する → **for ten successive days** １０日間立て続けに

次の現在分詞と過去分詞を訳し分けられますか？ ★★☆☆☆

現在分詞や過去分詞が形容詞として使われることがあります。一般的に現在分詞は“物の性質”を、過去分詞は“人の感情”を表すときに使います。

amazing 驚くべき → **an amazing coincidence** なんという偶然の一致
amazed 驚いた → **be amazed at ...** …に驚いている
amusing おもしろい → **amusing conversation** 楽しい会話
amused おもしろがっている → **be amused at [by] ...** …をおもしろいと思う
boring うんざりさせる、退屈な → **a boring assignment** うんざりする宿題
bored うんざりした → **be bored with ...** …に飽き飽きしている
charming 魅力的な → **a charming smile** 魅力的な笑顔
charmed 魅せられた → **be charmed with ...** …に夢中になっている
confusing 困惑させる → **confusing expression** 紛らわしい表現
confused 困惑した → **be confused about ...** …に困惑している
depressing 気の滅入るような → **a depressing incident** 気の滅入る出来事
depressed 意気消沈して → **be depressed about ...** …で落ち込んでいる
disappointing 失望させる → **disappointing news** がっかりさせるニュース
disappointed 失望した → **be disappointed at ...** …に失望している
exciting 興奮させる → **an exciting game** わくわくさせる試合
excited 興奮した → **be excited at [by] ...** …に興奮している
interesting 興味深い → **an interesting article** 興味深い記事
interested 興味を持っている → **be interested in ...** …に興味を持っている
satisfying 満足のいく → **a satisfying job** 遣り甲斐（やりがい）のある仕事
satisfied 満足した → **be satisfied with ...** …に満足している
shocking 衝撃的な → **a shocking confession** 衝撃の告白
shocked 動揺した → **be shocked at ...** …にショックを受けている
surprising 驚くべき → **a surprising incident** 異変
surprised 驚いた → **be surprised at [by] ...** …に驚いている

©OlyaPilipchik

混乱しそう①

混乱しそうな動詞の過去形・過去分詞　★☆☆☆☆

動詞は過去形、過去分詞と変化します。中にはつづりや発音が似ているために過去形や過去分詞の変化が紛らわしいものがあります。現在形 － 過去形 － 過去分詞の順に示します。

die 死ぬ　**die – died – died**　※現在分詞は**dying**

dye 染める　**dye – dyed – dyed**　※現在分詞は**dyeing**

fall 落ちる、倒れる　**fall – fell – fallen**

fell 倒す　**fell – felled – felled**

find 見つける　**find – found – found**

found 設立する　**found – founded – founded**

flow 流れる　**flow – flowed – flowed**

fly 飛ぶ　**fly – flew – flown**

lay 横たえる　**lay – laid – laid**　※現在分詞は**laying**

lie 横たわる　**lie – lay – lain**　※現在分詞は**lying**

lie 嘘をつく　**lie – lied – lied**　※現在分詞は**lying**

saw 鋸で切る　**saw – sawed – sawed** /《英》**saw – sawed – sawn**

see 見る　**see – saw – seen**

sew 縫う　**sew – sewed – sewn, sewed**

sow 種を蒔く　**sow – sowed – sown, sowed**

shine 輝く　**shine – shone – shone** /《米》**shine – shined – shone**

shine 磨く　**shine – shined – shined**

speed 急がせる、急ぐ　**speed – sped – sped**

speed 速度を増す　**speed – speeded – speeded**

©maron

混乱しそう②

よく間違える他動詞と自動詞

★★☆☆☆

動詞には目的語を取るか、前置詞を必要とするか判断に迷うものがあります。自動詞は前置詞が必要ですが、他動詞は必要ありません。以下の例はどちらが正しいでしょうか？

政治について議論する	① **We argue politics.**	○（自動詞でもあり他動詞
	② **We argue about politics.**	○　でもあり、どちらも可）
授業に出席する	① **I attend at a class.**	×
	② **I attend a class.**	○（※**attend** は他動詞）
自分の将来について考える	① **I consider about my future.**	×
	② **I consider my future.**	○（※**consider**は他動詞）
その問題について論じる	① **We discuss about the problem.**	×
	② **We discuss the problem.**	○（**discuss**は他動詞）
彼の成功を期待する	① **I hope for his success.**	○（※**hope**は自動詞）
	② **I hope his success.**	×
あなたのチームに加わる	① **I join with your team.**	×
	② **I join your team.**	○（※**join**は他動詞）
部屋から出る	① **I leave from the room.**	×
	② **I leave the room.**	○（※**leave**は他動詞）
夜空の星を見る	① **I look at the stars in the night sky.**	○（※**look**は自動詞）
	② **I look the stars in the night sky.**	×
彼は彼女と結婚する	① **He will marry with her.**	×
	② **He will marry her.**	○（※**marry**は他動詞）
彼を待つ	① **I wait for him.**	○（※**wait**は自動詞）
	② **I wait him.**	×

※印の動詞は自動詞でも他動詞でもありますが、この場合においてはどちらかを使うことを示します。

a 〜, an 〜 と言えると思ったら大間違い ★★☆☆☆

抽象名詞（adviceなど）や物質名詞（breadなど）は一般的には数えられず、不可算名詞と呼ばれています。これらを数えるときの言い方を示してみます。

advice 忠告 → **a piece of advice** 一つの忠告
bacon ベーコン → **a slice [a strip] of bacon** ベーコン一切れ
baggage 手荷物 → **a piece of baggage** 手荷物1個
beef 牛肉 → **a slice of beef** 牛肉一切れ
bread パン → **a loaf of bread** パン1個
→ **a slice of bread** パン1枚
cabbage キャベツ → **a head of cabbage** キャベツ一玉
cake ケーキ → **a piece [a slice] of cake** ケーキ一切れ
candy キャンディー → **a stick [a piece] of candy** キャンディー1本［1個］
chalk チョーク → **a piece [a stick] of chalk** チョーク1本
cheese チーズ → **a block of cheese** チーズ一塊
→ **a piece [a slice] of cheese** チーズ一切れ
chocolate チョコレート → **a tablet [a slab] of chocolate** 板チョコ1枚
→ **a bar of chocolate** チョコ1個
cocoa ココア → **a cup of cocoa** カップ1杯のココア
※**cocoa**は /コウコウ/ と発音する
coffee コーヒー → **a cup of coffee** カップ1杯のコーヒー
fruit 果物 → **a piece of fruit** 果物一切れ
※**fruit** が種類を表すときは**fruits**と表記できる → **various kinds of fruits**

furniture 家具 → **a piece [an item, an article, a stick] of furniture** 家具1点
→ **a set of furniture** 家具一式
glass ガラス → **a sheet of glass** ガラス1枚
gum ガム → **a piece [a stick] of gum** チューインガム一つ
ice 氷 → **a piece [a cube, a block] of ice** 氷1個
→ **a sheet of ice** 薄く張った氷
information 情報 → **a piece of information** 情報1件
jam ジャム → **a jar of jam** ジャム一瓶
jewelry 宝石類 → **a piece [an article] of jewelry** 宝石1点
juice ジュース → **a glass of juice** コップ1杯のジュース
lettuce レタス → **a head of lettuce** レタス1個
luggage 手荷物 → **a piece of luggage** 手荷物1個
machinery 機械装置 → **a piece of machinery** 機械1台
merchandise 商品 → **a piece [an article] of merchandise** 商品1点
meat 肉 → **a piece [a cut, a slice] of meat** 肉一切れ
milk ミルク → **a glass of milk** コップ1杯のミルク
music 音楽 → **a piece of music** 1曲
news ニュース → **a piece [an item] of news** ニュース1本
paper 紙 → **a sheet of paper** 1枚の紙
→ **a piece of paper** 1片の紙
→ **a ream of paper** 1連の紙
pork 豚肉、ポーク → **a piece [a slice] of pork** ポーク一切れ
rice 米、ご飯 → **a grain of rice** 米一粒
→ **a bowl of rice** 1膳のご飯
salt 塩 → **a spoonful of salt** 塩一匙(さじ)
→ **a pinch [a dash] of salt** 一つまみの塩
sand 砂 → **a handful of sand** 一握りの砂
soap 石鹸(せっけん) → **a bar [a cake, a tablet] of soap** 石鹸1個
stone 石 → **a block of stone** 石の塊1個
sugar 砂糖 → **a lump [a cube] of sugar** 角砂糖1個
→ **a spoonful of sugar** 砂糖一匙
→ **a pinch [a dash] of sugar** 一つまみの砂糖
tea お茶 → **a cup of tea** カップ1杯のお茶
toast トースト → **a piece [a slice] of toast** トースト1枚
tofu 豆腐 → **a cake of *tofu*** 豆腐1丁
water 水 → **a glass of water** コップ1杯の水
→ **a bucket [a bucketful] of water** バケツ1杯の水
wine ワイン → **a glass of wine** ワイン1杯

英米人には通用しない身近な和製英語　★★★☆☆

英語圏に行くと、「正しい英語だと思っていたのに通じなかった」という経験をすることがよくあります。以下に間違いやすい言葉を集めてみました。

【食べ物・飲み物・料理・その他の関連語】

アイスコーヒー　**iced coffee**　※**iced** 氷で冷やされた
カレーライス　**curry and rice**
サイダー　**soda（pop）**
シュークリーム　**cream puff**　※「靴墨」は **shoe polish**
ジョッキ　**mug**　→ **beer mug** ビールのジョッキ
ジントニック　**gin and tonic**
スクランブルエッグ　**scrambled eggs**　※**scrambled** 掻き混ぜられた
デコレーションケーキ　**decorated cake / fancy cake**
　※**decorated** 飾られた、**fancy** 装飾的な
電子レンジ　**microwave**　※**electric range** 電気オーブン、電熱器
バイキング　**buffet / smorgasbord**　※**smorgasbord** はスウェーデン語から
ハヤシライス　**hashed beef and rice**　※**hashed** 細かく切られた
フライドポテト　**French fries**　※**French, french** フランス式に調理する、細かく切る
ブレンドコーヒー　**blended coffee**　※**blended** ブレンドされた
ミックスジュース　**mixed juice**　※**mixed** ミックスされた
ミニトマト　**cherry tomato**　※**cherry** さくらんぼ；鮮紅色の
ミルクティー　**tea with milk**
レモンティー　**tea with lemon**

【衣類・その他の関連語】

オーダーメードの　**custom-made / made-to-order**
→ **custom-built** 注文建築の

ジーパン　**jeans**　※イタリアの港町 **Genova**（英語表記：**Genoa**）に由来

トレーナー　**sweat shirt**　※**sweat** 汗、汗をかく；**sweater**は「セーター」

ノースリーブの　**sleeveless**

ノー（ネク）タイで　**without a tie**

パンスト　**pantyhose**

ワイシャツ　**shirt**　※**white shirt** に由来

【乗り物・その他の関連語】

アクセル　**accelerator / gas pedal**

オートバイ　**motorcycle**

クラクション　**horn**

サイドブレーキ　**parking [hand, emergency] brake**

ジェットコースター　**roller coaster**

ダンプカー　**dump truck / dumper truck**

チャイルドシート　**car seat**

ドクターヘリ　**air ambulance / helicopter ambulance / medical helicopter / medevac helicopter**　※**ambulance** 救急車、**helicopter** ヘリコプター

ノンステップバス　**low-floor bus**

バックミラー　**rearview mirror**　※**rear** 後ろ

ハンドル（車の）　**steering wheel**　※**steer** 操縦する

ワンマンバス　**bus without a conductor / bus with no conductor**

【文房具・器具】

ガムテープ　**gummed tape / packing tape / sealing tape**
※**gummed** 糊（のり）を塗られた

クーラー　**air conditioner**　→ **cooler** 冷却器、冷蔵庫

サインペン　**marker / marking pen / felt pen / felt-tipped [felt-tip] pen**

シャープペンシル　**mechanical pencil / propelling pencil**

ストーブ（電気・ガスの）　**heater**

ボールペン　**ballpoint pen**

ホチキス　**stapler**　※ホチキスは考案者の **Hotchkiss** の名前から

【コンピューターゲーム・その他の関連語】

コンセント　**outlet / wall socket**

テレビゲーム　**video game**

テンキー　**numeric keypad**　※**numeric** /ニューメリク/ 数字の

トランプ　**cards**　→ **trump (card)** 切り札

ブラインドタッチ　**touch typing**
→ **without looking at the keyboard** ブラインドタッチで

【野球】

キャッチボールをする　**play catch**
グラウンド　**(baseball) field / diamond**
ゴロ　**grounder / ground ball / bounder**
ショート　**shortstop / SS**
チェンジ　**end of inning**
デッドボール　**hit by (a) pitch**
ナイター　**night game**
バックネット　**backstop**
フォアボール　**walk / base on balls**
満塁ホームラン　**grand slam / grand-slam home run [homer] / bases-loaded home run**

【その他】

アルバイト　**part-time job**
ガソリンスタンド　**gas station / gasoline station / petrol station**
ガッツポーズ　**victory pose**
カメラマン　**photographer**　→ **cameraman**（映画・テレビの）撮影技師
カンニング　**cheating / cribbing**　→ **cunning** 狡猾（こうかつ）な
キーホルダー　**key chain**
キスマーク　**hickey**
クレーム（苦情）　**complaint**　→ **claim** 主張、要求
ゲリラ豪雨　**unexpected strong rain / sudden torrential rain**
コインランドリー　〔商標〕**Laundromat / laund(e)rette**
コインロッカー　**coin-operated locker**
サービスエリア　**rest area**
サイン（有名人の）　**autograph**　→ **signature** 署名
サラリーマン　**salary [salaried] worker / office worker / white-collar worker**
デパート　**department store**
テレビタレント　**TV performer / TV personality / TV star**
ドクターストップ　**doctor's order**
ドンマイ　**Never mind! / Don't worry!**　※**Don't mind!** とは言わない
ハイタッチ　**high five**（片手の場合）/ **high ten**（両手の場合）
ビニール袋　**plastic bag**
ベストテン　**top ten / ten best**
マナーモード　**silent [vibration] mode**
マンション　**condominium / condo / apartment / flat**
モーニングコール　**wake-up call / alarm call**
モンスターペアレンツ　**helicopter parents**
レジ　**checkout counter**　※**checkout** 精算

いざとなるとなかなか書けない身近な英単語

★★★☆☆

私たちが日常よく見聞きする外来語であっても、つづりを正確に書くのが難しい英単語があります。その多くは日本人の発音が本来の発音からかけ離れていることに原因がありそうです。

エール（を交換する）　**yell** /イェル/

カリフラワー　**cauliflower** /カーリフラウアー/

ケチャップ　**ketchup** /ケチャプ/, **catsup** /カトサプ//ケチャプ/, **catchup** /カチャプ/

コロッケ　**croquette** /クロウケト/　※フランス語由来の言葉

シーラカンス　**coelacanth** /スィーラカンス/

スチロール　**styrene** /スタイリーン/

ステッカー　**sticker** /スティカ/

セルロイド　**celluloid** /セリャロイド/

セロハン　**cellophane** /セラフェイン/

セロリ　**celery** /セラリ/

チワワ　**Chihuahua** /チワーワー/

ドリアン　**durian** /ドゥアリアン/

パセリ　**parsley** /パースリ/

パフェ　**parfait** /パーフェイ/　※フランス語で「完全な」の意

ポーチ　**pouch** /パウチ/

マシュマロ　**marshmallow** /マーシュメロウ/

リンパ　**lymph** /リンフ/

ワクチン　**vaccine** /ヴァクスィーン/

目的語の順で表現が変わる ★★☆☆☆

「私は彼に英語を教えます」のように目的語を二つ取る動詞があります。英語では、日本語と違って、目的語の順番を入れ替えると表現が変わってしまいます。では、以下の空欄（　）にはどのような前置詞が入るでしょうか？

彼に質問する
I ask him a question. → I ask a question (　) him. ［正解］**of**

彼のために本を買う
I buy him a book. → I buy a book (　) him. ［正解］**for**

彼のためにチケットを手に入れる
I get him a ticket. → I get a ticket (　) him. ［正解］**for**

彼にプレゼントをあげる
I give him a present. → I give a present (　) him. ［正解］**to**

彼に鉛筆を貸す
I lend him a pencil. → I lend a pencil (　) him. ［正解］**to**

彼のためにサンドイッチを作る
I make him a sandwich. → I make a sandwich (　) him. ［正解］**for**

あなたにいたずらをする
I play you a trick. → I play a trick (　) you. ［正解］**on**

あなたの幸運を祈っている
I wish you good luck. → I wish good luck (　) you. ［正解］**to**

「…のために」と訳せるものにはよく **for** を使います。前置詞 **to** を取る動詞には **explain, introduce, offer, owe, promise, recommend, send, show, suggest, teach, tell, write** などがあります。

日本語と英語の表現が似ているもの ★★★★☆

日本語と英語の言い回しがそっくりな表現があります。では、以下の空欄（　　）にはどのような英単語が入るでしょうか？

一心同体である　**be one in body and（　　）**　［正解］**mind**

井の中の蛙大海を知らず　**The frog in the well knows nothing of the（　　）.**　［正解］**ocean**

お手を拝借　**Can you lend me a（　　）?**　［正解］**hand**

壁に耳あり障子に目あり　**Walls have ears. Doors have（　　）.**　［正解］**eyes**

殺し文句　**a（　　）expression**　［正解］**killing**

対岸の火事　**a fire on the opposite（　　）**　［正解］**shore**

（おせっかいをして）手を焼く　**burn** *one's* **（　　）**　［正解］**fingers**

馬鹿に付ける薬はない　**There is no cure for a（　　）.**　※**cure** 治療薬　［正解］**fool**

バケツを引っ繰り返したように雨が降る　**It（　　）down.**　［正解］**buckets**

鼻の差で勝つ　**win by a（　　）**　［正解］**nose**

氷山の一角にすぎない　**be just the tip of the（　　）**　※**tip** 頂上　［正解］**iceberg**

豚に真珠　**It's like casting（　　）before swine.**　※**swine**「豚」の古語　［正解］**pearls**

墓穴を掘る　**dig** *one's* **own（　　）**　［正解］**grave**

目から鱗が落ちる　**the scales fall [drop] from** *sb's* **（　　）**　※**scale** 鱗　［正解］**eyes**

湯水の如く金を遣う　**spend [waste] money like（　　）**　［正解］**water**

落下傘候補　**a（　　）candidate**　※**candidate** 候補　［正解］**parachute**

老骨に鞭打つ　**push [work]** *one's* **old（　　）hard**　［正解］**bones**

…のように

as を使った比喩表現

★★★☆☆

英語には「as ～ as …」という比喩的な表現があります。最初の as は省略しても構いません。この言い回しを使うことで、表現したいことを的確に、効果的に伝えることができます。「…のように～な」という意味ですが、慣用表現なので、例えば as brave as a lion の場合、「ライオンのように」の部分には触れず、ただ「とても勇敢な」などと訳すのが一般的です。

as **black** as ink　真っ黒な
as **black** as pitch　真っ黒な　※**pitch** アスファルト、瀝青(れきせい)物質
as **black** as soot　真っ黒な　※**soot** 煤(すす)
as **blind** as a bat　まったく目が見えない　※**bat** 蝙蝠(こうもり)
as **brave** as a lion　とても勇敢な
as **bright** as day　とても明るい
as **busy** as a beaver　とても忙しい　※**beaver** ビーバー
as **busy** as a bee　多忙な
as **clean** as a whistle　清廉潔白な　※**whistle** 口笛、警笛
as **clear** as crystal　透明な　※**crystal** 水晶
as **clear** as day　明々白々な
as **clear** as daylight　明々白々な　※**daylight** 昼間
as **cold** as ice　冷たい、冷酷な
as **cool** as a cucumber　きわめて冷静な　※**cucumber** 胡瓜(きゅうり)
as **courageous** as a lion　勇ましい　※**courageous** 勇敢な
as **cunning** as a fox　きわめて老獪(ろうかい)な　※**cunning** 狡猾(こうかつ)な
as **dark** as night　真っ暗な

as **deaf** as a post　まったく耳が聞こえない

as **different** as day and night　雲泥の差がある、月と鼈の

as **dry** as a bone　ぱさぱさに乾いた

as **dumb** as an oyster　非常に口が堅い　※**dumb** /ダム/ 物が言えない、**oyster** 牡蠣

as **easy** as ABC　とても簡単な

as **easy** as pie　とても簡単な　※**pie** パイ

as **fast** as lightning　電光石火の早業で　※**lightning** 稲妻

as **fat** as a pig　ぶくぶくに太った

as **flat** as a pancake　ぺちゃんこな　※**pancake** パンケーキ

as **free** as a bird　非常に自由な

as **fresh** as a rose　元気溌溂とした

as **gay** as a lark　とても陽気な　※**lark** 雲雀

as **gentle** as a lamb　大変おとなしい　※**gentle** おとなしい、**lamb** /ラム/ 子羊

as **gorgeous** as a palace　とても豪華な

as **graceful** as a swan　優雅な

as **greedy** as a wolf　非常に貪欲な

as **happy** as a prince　きわめて幸せな

as **heavy** as a stone　とても重い

as **light** as a feather　きわめて軽い　※**feather** 羽

as **like** as two peas (in a pod)　瓜二つで　※**like** 似た、**pod** （豆の）莢

as **meek** as a lamb　きわめておとなしい　※**meek** おとなしい、**lamb** /ラム/ 子羊

as **pretty** as a picture　とても美しい

as **proud** as a peacock　大威張りの　※**peacock** （雄の）孔雀

as **red** as a lobster　顔が真っ赤になった　※**lobster** ロブスター

as **sharp** as a razor　非常に頭の切れる　※**sharp** 鋭い、**razor** 剃刀

as **simple** as ABC　とても簡単な

as **slippery** as an eel　捕らえどころのない　※**slippery** 滑りやすい、**eel** 鰻

as **slow** as a snail　非常に遅い　※**snail** 蝸牛

as **sly** as a fox　非常にずる賢い　※**sly** ずるい

as **smooth** as a mirror　とても滑らかな　※**mirror** 鏡

as **steady** as a rock　盤石の、信頼に足る　※**steady** びくともしない

as **strong** as an ox　とても強い

as **sweet** as honey　とても甘い

as **timid** as a hare　ひどく臆病な　※**timid** 臆病な、**hare** 野兎

as **tough** as weeds　たいそうたくましい　※**tough** 丈夫な、**weed** 雑草

as **white** as snow　真っ白な

as **wily** as a fox　ずる賢い　※**wily** 狡猾な

as **wise** [**thoughtful**] as an owl　とても賢い〔思慮深い〕　※**owl** 梟

「国名」と「…国の」と「…国人」

★★★☆☆

デンマーク(Denmark)という英語は知っていても、デンマーク人(Dane)を知らない人は意外と多いのでは？　以下に、そのような国を、「国名」－「…国の」－「…国人」の順で並べてみます。Japanなどのよく知られているものは省きました。

アイルランド　**Ireland – Irish – Irish, Irishman, Irishwoman**
イングランド　**England – English – English, Englishman, Englishwoman**
オーストラリア　**Australia – Australian – Australian, Aussie**
オランダ　**Holland – Dutch – Dutch, Dutchman, Dutchwoman, Hollander**
ギリシャ　**Greece – Greek, Hellenic – Greek**
スイス　**Switzerland – Swiss – Swiss**
スウェーデン　**Sweden – Swedish – Swedish, Swede**
スコットランド　**Scotland – Scottish, Scots – Scot, Scottish, Scotsman, Scotswoman**
スペイン　**Spain – Spanish – Spanish, Spaniard**
タイ　**Thailand – Thai – Thai**
チェコ　**Czech – Czech – Czech**
デンマーク　**Denmark – Danish – Dane, Danish**
トルコ　**Turkey – Turkish – Turk**
ノルウェー　**Norway – Norwegian – Norwegian**
フィリピン　**the Philippines – Philippine – Filipino**（男性）**, Filipina**（女性）
フィンランド　**Finland – Finnish – Finn**
フランス　**France – French – French, Frenchman, Frenchwoman**
ポーランド　**Poland – Polish – Pole**

意外と難しい男性形と女性形 ★★★☆☆

男性形に-essといった語尾を付けて女性形にする名詞もありますが、両者がまるで異なる名詞も多くあります。職業などを表す名詞は一般的に男性形で代用する傾向があるようです。

「人間」

alumnus 男子の同窓生　**alumna** 女子の同窓生
bachelor 独身男性　**spinster** 独身女性
bridegroom 花婿　**bride** 花嫁
divorcé 離婚した男　**divorcé(e)** 離婚した女
emperor 皇帝　**empress** 女帝
fiancé 男の婚約者　**fiancée** 女の婚約者
founder 男の創立者　**foundress** 女の創立者
heir 相続人　**heiress** 女相続人
instructor 男性教官　**instructress** 女性教官
landlord 下宿の男主人　**landlady** 下宿の女主人
manservant 男の召使い　**maidservant** 女の召使い
master 男主人　**mistress** 女主人
monk 修道僧　**nun** 修道女
nephew 甥　**niece** 姪
proprietor 所有者　**proprietress** 女の所有者
shepherd 男の羊飼い　**shepherdess** 女の羊飼い　※やや古い表現
votary 修道僧　**votaress** 修道女
widower 男やもめ　**widow** 女やもめ、未亡人
wizard 魔法使い　**witch** 魔女

「爵位」

baron 男爵　**baroness** 男爵夫人
count 伯爵　**countess** 伯爵夫人
duke 公爵　**duchess** 公爵夫人
marquis 侯爵　**marchioness** /マーシャナス/ 侯爵夫人
viscount /ヴァイカウント/ 子爵　**viscountess** 子爵夫人

「動物」

bull （去勢していない）雄牛　**cow** 雌牛
cock, rooster 雄鶏　**hen** 雌鶏
fox 雄狐　**vixen** 雌狐
gander 雄の鵞鳥　**goose** 雌の鵞鳥
leopard 雄の豹　**leopardess** 雌の豹
lion 雄ライオン　**lioness** 雌ライオン
ox （去勢している）雄牛　**cow** 雌牛
peacock 雄の孔雀　**peahen** 雌の孔雀
ram 雄羊　**ewe** /ユー/ 雌羊
tiger 雄の虎　**tigress** 雌の虎

©FurryFritz

名詞や形容詞としてよく知られているが、動詞としても使われるもの ★★★★☆

以下の英単語は、名詞や形容詞として知られ、動詞としての用法を忘れがちなものです。名詞や形容詞と意味的に関連しています。なお、単語のアクセントの位置は動詞に合わせています。

【A～B】

address　住所；**宛名を書く** → **address an envelope** 封筒に宛名を書く
age　年齢；**年を取る、老**(ふ)**ける、熟成する** → **age more rapidly** より早く老け込む
air　空気；**風に当てる、干す** → **air** *one's* **clothes** (**out**) 衣類を風に当てる
bag　袋、バッグ；**袋に入れる** → **bag** (**up**) **apples** りんごを袋に入れる
bank　銀行；**預金する** → **bank** (**away**) *one's* **salary** 給料を銀行に預ける
barbecue　バーベキュー；**バーベキューにする** → **barbecue meat** 肉をバーベキューにする
bell　鈴；**鈴を着ける** → **Who will bell the cat?** 誰が猫に鈴を着けるの
better　より良い；**改善する** → **better** *one's* **working conditions** 労働条件を改善する
bottle　瓶；**瓶詰めする** → **bottle orange juice** オレンジジュースを瓶に詰める
box　箱；**箱に入れる** → **box up** *one's* **old clothes** 古着を箱に詰める
breakfast　朝食；**朝食を取る** → **breakfast on bread** 朝食にパンを食べる
bridge　橋；**橋を架ける** → **bridge a river** 川に橋を架ける
brush　ブラシ；**ブラシを掛ける** → **brush** *one's* **hair** 髪を梳(と)かす
→ **brush** *one's* **clothes** 服にブラシを掛ける
butter　バター；**バターを塗る** → **butter** *one's* **bread** パンにバターを塗る
button　ボタン；**ボタンを掛ける** → **button** (**up**) *one's* **jacket** 上着のボタンを掛ける

【C～D】

camp　キャンプ；**キャンプをする** → **go camping** キャンプに行く

can　缶詰；**缶詰にする** → **can sardines** 鰯を缶詰にする
cap　蓋、帽子；**覆う** → **snow-capped** mountain 冠雪した山
center　中心；**中央に置く** → **center** a picture on the wall 絵を壁の中心に置く
circle　円；**丸で囲む** → **circle** the correct answer 正解を丸で囲む
clock　時計；**時間を計る** → the runner is **clocked** at just ten seconds
走者のタイムは10秒ちょうどである
coin　硬貨；**鋳造する** → **coin** gold into dollars 金でドル貨を造る
color　色；**色を塗る、彩る** → **color** *one's* hair black 髪を黒く染める
cork　コルク；**コルクの栓をする** → **cork** a bottle 瓶にコルクをする
corner　角；**窮地に追い込む** → **corner** *sb* in an argument 人を議論でやり込める
cream　クリーム；**クリームを入れる** → **cream** *one's* tea 紅茶にクリームを入れる
dam　ダム；**ダムを造る、ダムで堰き止める** → **dam** a river 川をダムで堰き止める
doctor　医師；**治療する** → **doctor** *one*self 自分で病気を治す

【E～L】

eye　目；**じっと見る** → **eye** *sb* in surprise 驚いて人を見る
file　ファイル；**ファイルする** → **file** the documents 書類をファイルする
finger　指；**指でいじる** → **finger** *one's* hair nervously 落ち着きなく髪をいじる
flower　花；**花開く** → Great talents **flower** late. 大器晩成
frequent　頻繁な；**頻繁に訪問する** → **frequent** the gym よくジムに通う
garden　庭、庭園；**庭仕事をする** → **gardening** 園芸
hand　手；**手渡す** → **hand** *sb* a key 人に鍵を手渡す
index　索引；**索引を付ける** → **index** a book 本に索引を付ける
iron　鉄、アイロン；**アイロンを掛ける** → **iron** *one's* shirt シャツにアイロンを掛ける
letter　手紙、文字；**文字を書く** → be **lettered** in black 黒文字で書かれている
line　線；**線を引く** → **line** a sheet of paper 紙に線を引く
lunch　昼食；**昼食を取る** → **lunch** in [out] 内［外］でランチを食べる

【M～Q】

milk　牛乳；**乳を搾る** → **milk** a cow 雌牛の乳を搾る
mouth　口；**（声に出さずに）言う** → **mouth** the lyrics silently 静かに声を出さずに歌詞を言う
mushroom　きのこ；**きのこ狩りをする** → go **mushrooming** きのこ狩りに行く
nail　爪、釘；**釘を打ち付ける** → **nail** the shutters shut 雨戸を釘付けにする
nest　巣；**巣を作る** → a bird **nests** 鳥が巣を作る
nose　鼻；**嗅ぎ付ける** → **nose** around for information 情報を嗅ぎ回る
nurse　看護師；**看護する、介抱する** → **nurse** a patient 患者を看護する
oil　油；**油を差す** → **oil** a hinge 蝶番に油を差す
page　ページ；**ページをめくる** → **page** through a book 本に目を通す
parrot　おうむ；**おうむ返しに言う** → **parrot** *sb's* ideas 人の考えを受け売りする
pen　ペン；**ペンで書く** → **pen** a short story 短編を書く

pencil　鉛筆；鉛筆で書く → **pencil down** *sb's* **address** 人の住所を書き留める
pepper　胡椒；胡椒を振り掛ける → **pepper meat** 肉に胡椒を振り掛ける
pet　ペット；かわいがる → **pet a cat** 猫をかわいがる
pin　ピン；ピンで留める → **pin up a picture on the wall** 写真を壁にピンで貼る
pocket　ポケット；ポケットに入れる → **pocket a bribe from** *sb* 人から賄賂をもらう
poison　毒；毒を盛る → **poison** *sb* **with arsenic** 人を砒素で毒殺する
pump　ポンプ；ポンプで汲み出す → **pump water from a well** 井戸から水を汲む
question　質問；質問する → **question** *sb* **closely** 人に事細かに質問する

【R～S】

railroad　鉄道；鉄道便で送る → **railroad** *one's* **baggage** 手荷物を鉄道便で送る
salt　塩；塩を振り掛ける → **salt fish** 魚を塩漬けにする
saw　鋸；鋸で切る → **saw a tree down** 鋸で木を切り倒す
seat　座席；着席させる → **be seated in the front raw** 最前列に座っている
shampoo　シャンプー；シャンプーする → **shampoo** *one's* **hair** 髪をシャンプーする
ship　船；船に積む → **ship containers** コンテナを船積みする
shop　店；買い物をする → **shop at a department store** デパートで買い物をする
shoulder　肩；肩に担ぐ → **shoulder arms** 武器を担ぐ
silence　沈黙；沈黙させる → **silence a crying baby** 泣いている赤ん坊を静かにさせる
spoon　スプーン；スプーンですくう → **spoon the ice cream up** スプーンでアイスクリームを食べる
star　星、スター；主演する → **star in a play** 劇で主役を務める
stew　シチュー；シチューにする〔なる〕→ **stew meat** 肉をとろ火で煮る
stone　石；石を投げる → **stone a car** 車に投石する
string　弦；弦を張る → **string a violin** バイオリンの弦を張る
sugar　砂糖；砂糖を加える → **sugar** *one's* **coffee** コーヒーに砂糖を入れる
summer　夏；夏を過ごす、避暑をする → **summer in Karuizawa** 軽井沢で避暑をする
sun　太陽；日光に当てる → **sun** *one***self** 日光浴をする
sweat　汗；汗を流す → **sweat heavily** 大汗を掻く

【T～W】

toast　トースト；こんがり焼く → **toast a slice of bread** パンを一切れトーストする
toilet　トイレ；トイレに連れていく、下の世話をする → **toilet a baby** 赤ん坊に用足しさせる
tower　タワー；高くそびえる → **tower into the sky** 空高くそびえる
treasure　宝物；大切にする → **treasure** *one's* **friendship** 友情を大事にする
underline　下線；下線を引く → **underline a sentence** 文章に下線を引く
vacuum　真空；電気掃除機で掃除する → **vacuum a room** 部屋に掃除機を掛ける
videotape　ビデオテープ；ビデオ録画する → **videotape a program** 番組を録画する
walk　散歩；散歩させる → **walk** *one's* **dog** 犬を散歩させる
water　水；水をやる → **water the garden** 庭に水を打つ
winter　冬；冬を過ごす、避寒する → **winter in Okinawa** 沖縄で避寒する

©sakie

群れ

意外とおもしろい動植物の「群れ」 ★★★★☆

日本語では「群れ」のひと言で動物や植物の集団を表せますが、英語には「群れ」を表すいろいろな表現があります。

a cluster of plants 植物の群れ　※**cluster** 房、束、塊、群生
a colony of ants 蟻の群れ　※**colony** 植民地、群体
a drove of pigs 豚の群れ　※**drove**（ぞろぞろ動く）群れ
a flock of birds [doves] 鳥［鳩］の群れ　※**flock** 一団、一群
a flock of sheep 羊の群れ
a game of swans 白鳥の群れ　※**game** 試合、鳥獣
a herd of cattle 牛の群れ　※**herd** 群れ
a herd of deer [elephants] 鹿［象］の群れ
a herd of horses [zebras] 馬［縞馬］の群れ
a herd of sheep 羊の群れ　※**shepherd** 男の羊飼い、シェパード
a murder of crows 烏の群れ　※**murder** 殺人
a pack of wolves 狼の群れ　※**pack** 包み、一群
a pride of lions ライオンの群れ　※**pride** 誇り、群れ
a pride of peacocks 孔雀の群れ
a school of fish 魚の群れ　※**school** 学校、群れ。「魚の学校」ではない
a school of whales 鯨の群れ
a swarm of bees [insects] 蜂［昆虫］の群れ　※**swarm** 大群
a troop of ants 蟻の群れ　※**troop** 軍隊、軍団、群れ
a troop of monkeys 猿の群れ

意外な使い方

©Okssi68

想像がつかないくらい意外な意味を持つ単語　★★★★★

英語には、つづりが同じで様々な意味を持つ単語があります。以下にそのような英単語を収録し、よく知られた意味に続けて、意外な意味を示してみます。なお、辞書によっては別の単語扱いになるものも載せています。

accessory　装身具；**共犯者**
　→ an **accessory** before [after] the fact 事前［事後］共犯

arm　腕；**入り江** → an **arm** of the sea 入り江

bar　バー、棒；**弁護士業**（the bar で）→ go to the **bar** 弁護士になる

beat　叩く；**泡立てる** → **beat** (up) eggs 卵を掻き混ぜて泡立てる

bee　蜂；**競技会** → a spelling **bee** スペリングコンテスト

book　本；**規則、慣例** → go by the **book** 規則どおりにやる

breeze　そよ風；**容易なこと** → win in a **breeze** 楽勝する

butter　バター；**胡麻を擂る** → **butter** up *sb* 人にへつらう

capital　首都；**致命的な** → a **capital** error 致命的なミス

catch　捕まえる；**掘り出し物** → a prize **catch** 見事な掘り出し物

cell　細胞；**電池** → a dry **cell** 乾電池

channel　（テレビの）チャンネル；**海峡** → the (English) **Channel** イギリス海峡

chemistry　化学；**相性** → perfect **chemistry** 完璧な相性

coin　硬貨；（新語などを）**造り出す** → **coin** words 新しい言葉を造り出す

cold　寒い；**未解決の** → **cold** case 未解決事件

cook　料理する；（数字などを）**ごまかす** → **cook** the books 粉飾決算をする

digital /ディヂャトル/　デジタル方式の；**指の** → **digital** exam 触診

doctor「医師」の別の意味

次の文の正しい意味はどれ？　He doctored the books.

①彼は本を修理した　②彼は帳簿を改ざんした　③彼は本を読みあさった

〔正解〕②

dog　犬；**尾行する** → be **dogged** by a detective 探偵に尾行される

doll　人形；**飾り立てる** → be **dolled** up 美しく着飾っている

egg　卵；**唆**(そそのか)**す、扇動する、励ます** → **egg** *sb* **to** *do*　人を唆して…させる

fault　欠点；**断層** → an active **fault** 活断層

fine　すばらしい；**罰金** → speeding **fines** スピード違反による罰金

fresh　新鮮な；（水・バターなどが）**無塩の** → **fresh** water 淡水、真水

Greek　ギリシャ語；**難しすぎるもの**

→ It's (all) **Greek** to me. それは私にはちんぷんかんぷんだ

handsome　顔立ちの良い；**かなりの** → a **handsome** sum of money 多額のお金

husband　夫；**節約する** → **husband** *one's* savings 貯金を大切に使う

it　それ；（鬼ごっこの）**鬼** → Now, you are **it**. 今度は君が鬼だよ

kick　蹴る；**興奮、スリル** → get a **kick** from [out of] ... …に楽しみを覚える

labor「労働」の別の意味

次の文の正しい意味はどれ？　She went into labor.

①彼女は働きに行った　②彼女は家事をした　③彼女は陣痛が始まった

〔正解〕③

lay　置く；**素人の** → a **lay** investor 素人の投資家

leader　指導者；**目玉商品** → a loss **leader**　（赤字覚悟の）特売品

lemon　レモン；**欠陥品、欠陥車** → The car is a **lemon**. その車は欠陥車だ

moonlight　月光；（昼間に正式に働いた後で）**夜に内職をする**

→ **moonlight** as a waiter 夜にウェイターのアルバイトをする

mushroom　きのこ；**急増する** → the population **mushrooms** 人口が急増する

must　…しなければならない；**欠かせないもの**

→ it's a **must** 欠かせないものである、a **must** book 必読書

particular　特定の；**気難しい**

→ be **particular** about food 食べ物に関して好みがうるさい

passive　受け身の；（太陽熱が）**単純利用の** → **passive** solar energy 太陽熱利用エネルギー

phenomenon　現象；**非凡な人物** → musical **phenomenon** 音楽の天才

picnic　ピクニック；**楽なこと** → be no **picnic** 楽ではない

policy　政策；**保険証書** → a life (insurance) **policy** 生命保険証書

principal　主な、校長；**元金** → loss of **principal**　元本割れ

pupil　生徒；**瞳、瞳孔** → **pupil** contraction 瞳孔の収縮

realize　悟る、気が付く；**換金する** → **realize** securities 証券を換金する

remember　思い出す；**よろしくと伝える** → **Remember** me to your family.
私からご家族の皆さんによろしく
reserve　蓄える；**遠慮** → without **reserve** 遠慮なく、率直に
resort　リゾート；**手段** → the last **resort**　最後の手段
（手段に）**訴える** → **resort** to force［arms］　武力に訴える
rich　裕福な；**濃厚な** → a **rich** soup こってりしたスープ
room　部屋；**余地** → don't leave **room** for argument 議論の余地がない
rule　規則；**支配する** → **rule** France フランスを統治する
run　走る；**経営する** → **run** a restaurant レストランを経営する
season　季節；**味付けをする**
→ **season** soup with salt and pepper スープに塩胡椒（こしょう）する
sentence　文章；**刑に処する** → **sentence** *sb* to death 人に死刑を言い渡す
shoulder　肩；**負う、担う** → **shoulder** a responsibility 責任を負う
side　側面；**味方をする** → **side** the weak 弱者の味方をする
snake　蛇；**蛇行する**
→ a path **snakes** through the woods 小道が森の中をくねくねと続く
sound　音；**海峡、入り江** → Long Island **Sound** ロングアイランド海峡
strike　打つ；**テントを畳む** → **strike** camp キャンプのテントを畳む
strong　強い；**味の濃い** → **strong** coffee 濃いコーヒー
surface　表面；**陸路の、海路の** → **surface** transport 陸上［水上］輸送
sweet　甘い；**塩気のない** → **sweet** water 真水

taxi「タクシー」の別の意味

次の文の正しい意味はどれ？　An airplane taxis.

①飛行機が誘導路を移動する　②飛行機が停まる　③飛行機が客を乗せる

［正解］①

thick　厚い；（味が）**濃い、濃厚な** → a **thick** soup こってりしたスープ
thin　（物が）薄い；（味が）**薄い** → a **thin** soup 薄いスープ
triumph　大勝利；**打ち勝つ、克服する** → **triumph** over adversity 逆境を乗り越える
water　水；**涎（よだれ）を出す** → *one's* mouth **waters** 涎が出る
weak　弱い；**味の薄い** → **weak** coffee 薄いコーヒー

weakness「弱いこと」の別の意味

次の文の正しい意味はどれ？　I have a weakness for *sushi.*

①寿司が大好物だ　②寿司が苦手だ　③寿司を食べたい

［正解］①

weather　天気；**切り抜ける** → **weather** a storm 嵐を乗り切る、難局を切り抜ける
white　白い；**罪のない** → a **white** lie 罪のない嘘（うそ）
yellow　黄色い；**臆病な** → a **yellow** streak 臆病な性格

動物や鳥などの「鳴く」を英語で言えますか？ ★★★★★

英語にも「（犬が）ワンワン吠える」「（猫が）ニャーニャー鳴く」などに相当する動詞があります。以下に動物の名前を表す英単語と一緒に整理してみます。

家鴨（あひる） **duck** →（ガーガーと）鳴く **quack** /クワク/

犬 **dog** →（ワンワンと）吠える **bark** /バーク/　※鳴き声は**bowwow** /バウワウ/

→（キャンキャンと）鳴く **yelp** /イェルプ/

馬 **horse** →（ヒヒーンと）いななく **neigh** /ネイ/, **whinny** /ウィニ/

蛙（かえる） **frog** →（ガーガーと）鳴く **croak** /クロウク/

烏（からす） **crow** →（カーと）鳴く **caw** /コー/

狐（きつね） **fox** →（コンコンと）鳴く **bark** /バーク/, **yelp** /イェルプ/

猿 **monkey** →（キャッキャッと）鳴く **chatter** /チャタ/, **gibber** /ヂバ/

象 **elephant** →（パオーンと）鳴く **trumpet** /トランパト/

虎 **tiger** →（ガオーと）吠える **roar** /ロー/

鳥 **bird** →（チッチッチッチッと）さえずる **tweet** /トゥイート/, **sing** /スィング/

猫 **cat** →（ニャーニャーと）鳴く **meow** /ミアウ/, **mew** /ミュー/

※鳴き声は**meow** /ミアウ/

鼠（ねずみ） **mouse, rat** →（チューチューと）鳴く **squeak** /スクィーク/, **peep** /ピープ/

鳩（はと） **pigeon, dove** →（クークーと）鳴く **coo** /クー/

羊 **sheep** →（メーメーと）鳴く **baa** /バー/, **bleat** /ブリート/

梟（ふくろう） **owl** →（ホーホーと）鳴く **hoot** /フート/

豚 **pig** →（ブーブーと）鳴く **grunt** /グラント/, **oink** /オインク/, **squeal** /スクィール/

ライオン **lion** →（ガオーと）吠える **roar** /ロー/

米国と英国で少し異なるつづり ★★★★☆

アメリカ英語とイギリス英語では、同じものを指しても、単語のつづりが異なるものがあります。以下に例を挙げます。ここではアメリカ英語とイギリス英語のおおよその区別を示しています。

【よく知られた米英の対応パターン】

劇場 《米》**theater** 《英》**theatre** ※ **-er** か **-re** か

中心 《米》**center** 《英》**centre** ※ **-er** か **-re** か

色 《米》**color** 《英》**colour** ※ **-or** か **-our** か

隣人 《米》**neighbor** 《英》**neighbour** ※ **-or** か **-our** か

プログラム 《米》**program** 《英》**programme** ※ **-gram** か **-gramme** か

→ 電報 《米・英》**telegram**

理解する、悟る 《米》**realize** 《英》**realise** ※ **-ze** か **-se** か

【つづりの一部が異なるもの】

挨拶状 《米》**greeting card** 《英》**greetings card** ※ **s** の有無

居心地の良い 《米》**cozy** 《主に英》**cosy** ※ **z** か **s** か

ウイスキー 《米》**whiskey** 《主に英》**whisky** ※ **e** の有無

階 《米》**story** 《主に英》**storey** ※ **e** の有無

口髭（ひげ） 《米》**mustache** 《英》**moustache** ※ **u** か **ou** か

故意の 《米》**willful** 《英》**wilful** ※ **ll** か **l** か

小切手 《米》**check** 《英》**cheque** ※ **ck** か **que** か

蒸留する 《米》**distill** 《英》**distil** ※ **ll** か **l** か

数学 《米》**math** 《英》**maths** ※ **s** の有無

崇拝者 《米》**worshiper** 《英》**worshipper** ※ **p** か **pp** か

スポーツ　《米》**sports**　《英》**sport**　※ s の有無
接続　《米》**connection**　《英》**connexion**　※ t か x か
専門、名物料理　《米》**specialty**　《英》**speciality**　※ i の有無
タイヤ　《米》**tire**　《英》**tyre**　※ i か y か
巧みな　《米》**skillful**　《主に英》**skilful**　※ ll か l か
ディスク　《米》**disk**　《英》**disc**　※ k か c か
問い合わせ、照会　《米》**inquiry**　《英》**enquiry**　※ i か e か
年上の　《米》**older**　《主に英》**elder**　※ o か e か
…の方へ　《米》**toward**　《主に英》**towards**　※ s の有無
灰色　《米》**gray**　《主に英》**grey**　※ a か e か
パジャマ　《米》**pajamas**　《英》**pyjamas**　※ a か y か
果たす　《米》**fulfill**　《主に英》**fulfil**　※ ll か l か
判断　《米》**judgment**　《しばしば英》**judgement**　※ e の有無
フレックスタイム　《米》**flextime**　《英》**flexitime**　※ i の有無
防御　《米》**defense**　《英》**defence**　※ se か ce か
前へ　《米》**forward**　《主に英》**forwards**　※ s の有無
ママ　《米》**mommy**　《英》**mummy**　※ o か u か
周りに　《米》**around**　《英》**round**　※ a の有無
免許　《米》**license**　《英》**licence**　※ se か ceか
　→ 免許を与える　《米・英》**license**
やあ　《米》**hello**　《主に英》**hallo**　※ e か a か
羊毛の　《米》**woolen**　《英》**woollen**　※ l か ll か
ヨーグルト　《米》**yogurt**　《主に英》**yoghurt**　※ h の有無
旅行者　《米》**traveler**　《英》**traveller**　※ l か ll か
零（れい）・無　《米》**naught**　《主に英》**nought**　※ au か ou か
練習する　《米》**practice**　《英》**practise**　※ ce か se か
　→ 練習　《米・英》**practice**
老化　《米》**aging**　《英》**ageing**　※ e の有無
我が家にいるような　《米》**homey**　《主に英》**homy**　※ e の有無

【コンマ、ピリオド、ハイフンなどにより異なるもの】

永遠に　《米》**forever**　《主に英》**for ever**　※ 1語か2語か
パーセント　《米》**percent**　《主に英》**per cent**　※ 1語か2語か
協力　《米》**cooperation**　《英》**co-operation**　※ - の有無
ミズ　《米》**Ms.**　《主に英》**Ms**　※ . の有無
ミスター　《米》**Mr.**　《主に英》**Mr**　※ . の有無
ミセス　《米》**Mrs.**　《主に英》**Mrs**　※ . の有無
…もまた　《米》**..., too**　《英》**... too**　※ , の有無
敬具　《米》**Sincerely yours,**　《主に英》**Yours sincerely,**　※ 前か後ろか

米国と英国でまるで異なる表現 ★★★★☆

アメリカ英語とイギリス英語では、同じものを指していても、単語や表現が異なるものがあります。以下に、そのような例を挙げてみます。ここではおおよその区別を示しています。

秋 《米》**fall, autumn** 《英》**autumn**
アパート 《主に米》**apartment** 《英》**flat**
居酒屋 《米》**bar** 《主に英》**pub**
1階 《米》**first floor** 《英》**ground floor**
居間 《米》**living room, family room** 《主に英》**sitting room**
運転免許証 《米》**driver's license** 《英》**driving licence**
運動会 《米》**athletic meet, field day** 《英》**athletic meeting, sports (day)**
映画 《米》**movie, motion picture, film** 《英》**picture, cinema, film**
映画館 《米》**movie theater [house]** 《英》**cinema**
エレベーター 《米》**elevator** 《英》**lift**
学年 《米》**grade** 《英》**year, form**
賢い 《米》**smart, wise** 《英》**clever, wise**
ガソリン 《米》**gas, gasoline** 《英》**petrol**
学校で 《米》**in school** 《英》**at school**

クイズ
「株（株式）」のことをアメリカでは **stocks** と言います。
ではイギリスでは何と言うでしょうか？ ［正解］**shares**

勘定書 《米》**check** 《主に英》**bill**
喫茶店 《米》**coffee [tea] shop** 《英》**coffee bar, tearoom**
クッキー 《米》**cookie** 《英》**biscuit**
消しゴム 《米》**eraser** 《英》**rubber**
コインランドリー 《米》［商標］**Laundromat** 《英》**laund(e)rette**
高速道路 《米》**expressway, speedway, freeway** 《英》**motorway**
小遣い 《米》**allowance** 《英》**pocket money**
小包 《主に米》**package** 《主に英》**parcel**
ごみ 《米》**garbage, trash** 《主に英》**rubbish**
コンセント 《米》**(electric) outlet** 《主に英》**socket, power point**
サッカー 《米》**soccer** 《英》**(association) football**
時刻表 《主に米》**schedule** 《主に英》**timetable**
市電 《米》**streetcar, trolley car** 《英》**tram(car)**
自動車 《主に米》**car, automobile, auto** 《英》**car, motorcar**

クイズ
「自動販売機」のことをアメリカでは **vending machine** と言います。
ではイギリスでは何と言うでしょうか？ ［正解］**slot machine**

紙幣　《米》(bank) bill　《主に英》(bank) note
シャープペンシル　《米》mechanical pencil　《英》propelling pencil
シャツ　《米》undershirt　《英》vest
終止符（句点）　《米》period　《英》full stop [point]
週末に　《米》on the weekend　《英》at the weekend
宿題　《米》assignment, homework　《英》homework
小学校　《米》elementary [grade] school　《英》primary school
将来　《米》in the future　《英》in future
書店　《米》bookstore　《主に英》bookshop
初等の　《米》elementary　《英》primary
ズボン　《米》pants　《主に英》trousers
セーター　《米》sweater　《英》jumper, jersey
地下鉄　《主に米》subway　《英》the underground, underground railway
地下道　《米》underpass, underground　《英》subway
駐車場　《米》parking lot　《英》car park
長期休暇　《米》vacation　《英》holiday(s)
テイクアウト　《米》takeout, carryout　《英》takeaway
出口　《米》exit　《英》way out
鉄道　《米》railroad　《主に英》railway
手荷物　《主に米》baggage　《主に英》luggage
点（成績の）　《米》score, grade　《主に英》mark
電車で　《米》on the train　《英》in the train
電話を掛ける　《米》call, phone, telephone　《主に英》ring
トイレ　《米》bathroom, restroom　《主に英》toilet, lavatory
道路で　《主に米》on the road　《主に英》in the road
通りで　《主に米》on the street　《主に英》in the street
夏休み　《米》summer vacation　《英》summer holiday
２階　《米》the second floor [story]　《英》the first floor [storey]
庭　《米》yard　《英》garden
病気の　《主に米》sick　《主に英》ill
ピリオド　《米》period　《英》full stop [point]
ボールペン　《米》ball-point pen　《英》biro　《主に英》ballpoint
歩道　《米》sidewalk　《主に英》pavement, footway
店（一般的な）　《米》store　《英》shop
薬局　《米》drugstore, pharmacy　《英》chemist's (shop), pharmacy
郵便　《主に米》mail　《主に英》post
予約する　《米》reserve　《主に英》book
ラジオ　《米》radio　《主に英》wireless
列　《米》line　《主に英》queue

©ryo96

日常会話

うまく使おう日常会話表現

★★☆☆☆

英語でもよく使われる日常表現があります。授業や会話ですぐに役に立ちそうな表現を以下に集めてみました。

After you!　お先にどうぞ

Anything else?　ほかに何か

Are you all right?　大丈夫ですか

Are you sure?　ほんとうでしょうね

Be my guest.　ご自由にお使いください

Bottoms up!　乾杯　※**Cheers!** もほぼ同じ意味

By all means!　どうぞどうぞ；もちろん　※**means** 方法、手段

By the way.　ところで

Can I ask you a favor?　お願いがあるのですが　※**favor** 親切な行為、好意

Can I help you?　何かお困りですか

Certainly.　承知しました；もちろん；そのとおり

Come on!　さあさあ；頑張れ；いい加減にしろよ

Come on in.　どうぞ入って

Come to think of it.　そう言えば；考えてみると

Congratulations!　おめでとう

Don't be silly!　ふざけんじゃないよ

Don't worry.　心配しないで

Easy does it!　焦らずにゆっくりやれ

Enough is enough!　もううんざりだ；もうたくさんだ；それでおしまいにしよう

Fat chance.　まず無理だろうね；望み薄だね
Give me a break!　いい加減にしてよ　※**break** 機会
Go for it!　頑張れ　※**go for ...** …を得ようと努める
Good for you!　でかした

クイズ
Good heavens! の意味は次のうちのどれ？
①おめでとう　②なんてこった　③ここは天国だ　［正解］②

Good job!　よくやった
Hang in there!　諦めちゃだめだぞ；頑張れ　※**hang in** 諦めずに頑張る
Happy birthday!　お誕生日おめでとう
Have a nice day [weekend].　良い一日［週末］を
Have a nice trip.　良いご旅行を
Help yourself.　ご自由にお取りください
Here it is.　ここにあります
Here or to go?　店内、それともテイクアウトですか
Here you are.　はい、どうぞ　※相手の求めに応じて手渡す
How are you?　ご機嫌いかがですか
How come?　どうして → **How come you are here?** どうしてここにいるの
How do you do?　初めまして
I beg your pardon?　もう一度おっしゃってください
I have an idea.　いい考えがあります
I hope so.　そうだといいのですが
I'll be right back.　すぐに戻ります
I'll tell you what.　いい考えがあります
I'm coming.　今そちらに行きます
I'm glad to see you again. またお会いできてうれしいです
(I'm) just kidding.　冗談ですよ　※**kid** 冗談を言う
I'm not sure.　私にはよく分かりません
I'm sorry to hear that.　それは残念ですね
Is something wrong?　どうかしたの
It's about time.　そろそろ時間です
It's a must.　それは必須［不可欠］です
It's a piece of cake.　朝飯前だ
It's nothing.　どういたしまして；なんてことないよ
It's very nice of you.　ご親切にありがとうございます
It's your turn.　あなたの番です　※**turn** 順番
Let me see.　えーっと
Let's see.　えーっと；ちょっと考えさせて

May I ask a favor of you?　お願いがあるのですが　※**favor** 親切な行為、好意
May I help you?　（店の中などで）お手伝いしましょうか；いらっしゃいませ
My pleasure.　どういたしまして　※**The pleasure is mine.** もほぼ同じ意味
Never mind!　気にするな　※**Don't mind!** とは言わない
Never say die!　弱音を吐くな；くよくよするな；元気を出せ
Nice meeting you.　お会いできてうれしかった　※別れるときに用いる
Nice to meet you.　初めまして　※初めて会ったときに用いる
No kidding!　ご冗談でしょう；まさか　※**kid** 冗談を言う
No problem.　問題ありません
Not at all.　どういたしまして
No way!　とんでもない

Now or never! の意味は次のうちのどれ？
①今をおいてない　②身に覚えがない　③未来永劫（えいごう）ない　［正解］①

Of course.　もちろん
Oh my God!　ああ、まいった；おやまあ
Oh my goodness!　ああ、まいった；おやまあ　※**goodness**（**God** の遠回し的な語）
Oh my gosh!　ああ、まいった；おやまあ　※**gosh**（**God** の遠回し的な語）
Pardon me?　何と言われましたか　※尻上がりに発音する
Please go ahead!　さあどうぞ（先に進んでください）
Same difference.　五十歩百歩；大した違いはない
Same here.　私も同感です；（注文時に）私もあれと同じ料理にしてください
Say when.　（グラスに注いでいるときに）ちょうどいいところで言ってください
See you!　じゃあまたね
See you later [soon]!　またね
See you tomorrow!　じゃああしたね
Shame on you!　恥を知れ；みっともないぞ
Since when?　それは初耳だ；いつから
Sorry?　もう一度おっしゃってください
So-so.　まあまあ
So what?　それでどうしたというの
Sure.　もちろん
Take care!　じゃあね
Take it easy.　気楽にね
Take your time.　どうぞごゆっくり
That depends.　時と場合によりけりだ
That's enough!　もうたくさんだ；もういい加減にしてくれ
That sounds great!　いいねえ

That's right.　そのとおりです
That's too bad.　それはお気の毒に
That's too late.　遅すぎます；時間切れです
There we are.　そら見てごらん；言ったとおりだろう
There you go (again).　ほらまた始まった；また言ってるよ
This way, please.　こちらへどうぞ
Time is up.　時間です　※**time up** は和製英語

Well, well. の意味は次のうちのどれ？
①よくやった　②やれやれ　③頑張れ　［正解］②

What are you saying?　何を言ってるの
What did you say?　何と言われましたか
What do you mean?　どういうつもりですか
What's new?　変わりないかい；元気かい
What's the matter (with you)?　どうしたの
What's up?　どうしたの；調子はどう
What's wrong?　どうかしたの
Where are you from?　どちらのご出身ですか
Where do you come from?　どちらのご出身ですか
Who cares?　知ったことか　※**care** 構う
Who is this, please?　（電話で）どちら様でしょうか　※**that** とは言わない
Who knows?　知ったことか
Why don't you *do*?　…しませんか → **Why don't you come over?** 遊びにきませんか
Why not?　どうして駄目なの；もちろんいいですよ
With pleasure.　喜んで
Yes and no.　さあどうかな；何とも言えないね
You are welcome.　どういたしまして
You bet!　もちろん；そのとおりだ
You did it!　やったね
(You) don't say!　まさか；嘘(うそ)だろう
You know.　実はね
You know what?　ねえ；分かるかい；君、いいかい
You may be right.　そうかもしれない
You must be joking [kidding].　冗談でしょう　※**kid** 冗談を言う
You never know.　先のことは分からないよ；さあどうかな
You said it!　いかにも君の言うとおりだ；問題はそこだよ；言い得て妙だ
You see.　いいですか；ほらね

複数形になったら

©Nynke van Holten

～s, ～es になると特殊な意味を持つことがある名詞 ★★★★★

英語には複数形になると別の意味も帯びる単語があります。一見して単数形の意味が複数形になっただけと思われがちですが、文脈によってはまるで異なった意味になることがあります。以下に、そのような例を集めて、単数形の意味に続けて複数形の意味を示しています。なお、辞書によっては別の単語扱いになるものも載せています。

air 空気　**airs** 気取り　→ **put on airs** 気取る
arm 腕　**arms** 武器　→ **carry arms** 武器を携帯する
article 記事　**articles** 品物　→ **domestic articles** 家庭用品
ash 灰　**ashes** 遺骨　→ **gather** *sb's* **ashes** 人の遺骨を拾う
belonging 所属物　**belongings** 身の回り品　→ **personal belongings** 私物
book 本　**books** 帳簿　→ **keep the books** 帳簿を付ける
charge 責任、非難、告訴
　charges 料金（単数でも使われるが、複数形で使われることが多い）
　　→ **the charges for electricity** 電気代

クイズ
color「色」が複数形（colors）になると？
正しい意味は次のうちどれ？
①感性　②国旗　③絵の具

［正解］②と③
→ **fly [hoist] the colors**
　国旗を掲揚する
→ **watercolors** 水彩絵の具

condition 状態　**conditions** 状況、事情　→ **working conditions** 労働環境
connection 関係　**connections** 縁故　→ **work** *one's* **connections** コネを使う
custom 習慣、慣習　**customs** 税関、関税　→ **get through customs** 税関を通過する
detail 細部　**details** 詳細　→ **for further details** 詳細については

duty 義務

duties 職務、任務、職責 → **household duties** 家事

duties 税金、関税 → **import duties** 輸入税

effect 効果、結果 **effects** 所持品 → *one's* **personal effects** 身の回り品

expense 費用 **expenses** 必要経費 → **living expenses** 生活費

fall 落下 **falls** 滝 → **the Niagara Falls** ナイアガラの滝

finding 見つけること、発見 **findings** 発見物、拾得物；成果、結論；評決

force 力 **forces** 軍隊 → **the (armed) forces** 陸海空軍

formality 堅苦しさ

formalities 正式手続き → **customs formalities** 通関手続き

glass ガラス **glasses** 眼鏡 → **wear glasses** 眼鏡を掛けている

green 緑 **greens** 野菜 → **eat** *one's* **greens** 青野菜を食べる

ground 地面、土地 **grounds** 理由 → **on the grounds that ...** …といった理由で

height 高さ、身長 **heights** 高所、高地、丘 → ***Wuthering Heights***『嵐が丘』(小説)

interest 関心、興味

interests 利益 → **look after** *one's* **own interests** 私利を図る

letter 手紙 **letters** 文学、学問、学識 → **a man of letters** 文学者、学者

line「線」が複数形(lines)になると？
正しい意味は次のうちどれ？
①台詞(せりふ) ②審判 ③仲間

［正解］①
→ **forget** *one's* **lines**
台詞を忘れる

look 目付き、顔付き **looks** 容貌(ようぼう) → **lose** *one's* **looks** 容貌が衰える

manner 態度

manners 行儀、作法、礼儀作法 → **have no manners** 礼儀作法を知らない

manners 風習、風俗 → **manners and customs** 風俗習慣

mean 中間、平均 **means** 方法、手段 → **a means of transport** 交通手段

measure 程度 **measures** 対策、措置、手段 → **take measures** 対策を講じる

merit 長所、美点 **merits** 手柄、功績、功労 → **on** *sb's* **merits** 人の功績に応じて

minute 分 **minutes** 議事録 → **take the minutes on ...** …の書記を務める

oil 石油 **oils** 油絵の具 → **paint in oils** 油絵を描(か)く

pain 痛み、苦痛

pains 苦労、骨折り、努力 → **take pains** 苦労する

pains 陣痛 ※labor painsもほぼ同じ意味

paint ペンキ、塗料 **paints** 絵の具 → **box of paints** 絵の具箱

paper 紙 **papers** 文書、書類 → **state [private] papers** 公［私］文書

power 力、権力 **powers** 列強 → **the western powers** 西欧列強

price 価格、値段 **prices** 物価 → **prices go up** 物価が上がる

resource 才気、機転

resources 資源 → **natural resources** 天然資源、**human resources** 人的資源

resources 方策、手段 → be at the end of *one's* resources 万策尽きている
right 正当 **rights** 権利、版権、著作権 → All rights reserved 無断複製禁止
ruin 破滅、荒廃 **ruins** 遺跡、廃墟 → the ruins of Rome ローマの遺跡
sale 販売 **sales** 売上高、販売数 → sales are large 売り上げが多い
sand 砂 **sands** 砂浜、砂漠、砂洲 → on the sands 砂浜で
second 2番目のもの
seconds (食事などの) お代わり → want seconds of rice ご飯のお代わりがほしい
sight 視力 **the sights** 名所 → see the sights in Kyoto 京都の名所を見物する
sky 空、天 **skies** 空模様、天候、気候 → threatening skies 雨模様
spectacle 光景 **spectacles** 眼鏡 → put on *one's* spectacles 眼鏡を掛ける
spirit 精神
spirits 気分 → be in high spirits 上機嫌である
spirits 蒸留酒 → duty-free spirits 免税の蒸留酒
step 歩み **steps** 階段 → go up the steps 階段を上がる
strait 海峡 **straits** 苦境、困窮 → get out of the straits 苦境を脱する
study 勉強、勉学 **studies** 研究 → pursue *one's* studies 研究に励む
suffering 苦痛 **sufferings** 難儀、苦難 → bear [endure] sufferings 苦難に耐える
sweet 甘さ、甘味 **sweets** 飴(あめ)、キャンディー、甘い菓子 → cheap sweets 駄菓子

クイズ
temple「寺」が複数形 (temples) になると?
正しい意味は次のうちどれ?
①檀家(だんか)制度 ②門前町 ③こめかみ

[正解] ③
→ *one's* temples throb
こめかみがずきずきする

term 専門用語、期間
terms 条件 → on unfair terms 不平等な条件で
terms 間柄 → be on good terms with *sb* 人と仲がいい
thing 物、事
things 物事、事物、風物 → things Japanese 日本の風物
things 事情、状況、情勢、形勢 → as things are [stand] 現状では
time 時、時間 **times** 時代、時勢 → Victorian times ビクトリア朝時代
vegetable 植物、草木 **vegetables** 野菜 → root vegetables 根菜
waste 浪費、無駄遣い
wastes 荒れ地、荒野、砂漠 → sandy wastes 砂漠
wastes 廃棄物、屑(くず) → industrial wastes 産業廃棄物
water 水
waters 水域、海域、領海 → in Japanese waters 日本の領海で
waters 鉱水、鉱泉水、ミネラルウォーター → drink the waters 鉱水を飲む
wood 木材、薪(まき) **woods** 森、林 → in the woods 森で
work 仕事、労働、勉強
works 作品 → the complete works 全集
works 工場 → a steel works 製鉄所

【著者】

頴川(えがわ) 栄治(えいじ)

1950年、長崎県に生まれる。東京都立大学卒業。1989年から小学館で外国語辞典の編集に従事し、『ランダムハウス英和大辞典(第2版)』など、英語辞典13冊の編集に携わる。2019年に、30年をかけて独自に編纂した大和英辞典がTBSラジオ『久米宏 ラジオなんですけど』、日本経済新聞文化面で紹介される。著書・翻訳書(ペンネームで刊行したものも含む)に、『日本人がかならず間違える日本語』(中経出版)、『真説・木星効果』(講談社)ほか6冊がある。

谷口(たにぐち) 幸夫(ゆきお)

1959年、栃木県に生まれる。東京学芸大学卒業後、英語科教師として都立高校に着任。2校で勤めたのち、筑波大学附属駒場中学・高等学校に9年間勤務。94年、NHKラジオの英語講座にかかわり、『NHKラジオ基礎英語2』のテキストを執筆。また、監修者として番組制作に携わる。95年より英語教育界の活性化を目指し、英語指導法の実践的な自主研修会「英語教育・達人セミナー」をスタート。全国各地で開催する。現在、明星大学教育学部非常勤講師、達セミNext代表。

写真提供 / PIXTA

(本文で記載していないクレジットのみ以下に記します)

アオサン / FurryFritz / nicora / Shinya Yasumura

雨宮睦美 / 池田律子 / 岩藤愛実 / 宇佐見彩子 / 片山土布 / 神成 洋 / 下澗利恵 / 田中久恵 / 中原 康 / 原 秀則 / 水谷奈ほの / 吉原葉子

ニャンたん

猫英単語

2023年7月4日　初版第1刷発行

著者　頴川栄治　谷口幸夫
監修　アレン玉井光江
発行人　下山明子
発行所　株式会社小学館
〒101-8001　東京都千代田区一ツ橋2-3-1
編集　03-3230-5112
販売　03-5281-3555

印刷所　大日本印刷株式会社
製本所　牧製本印刷株式会社

ブックデザイン・DTP　三木健太郎
校正　迫上真夕子　山邉美登子　北川浩隆
英文校閲　Bruce Allen
制作　太田真由美　黒田実玖　斉藤陽子
販売　金森 悠
宣伝　鈴木里彩
編集　園田健也　実沢真由美

ISBN 978-4-09-311542-1